L'art de bifurquer

À la fin de mes études, j'ai vécu un voyage à travers le continent américain dont je savais que je n'allais pas revenir indemne. Une fois rentré en France, on m'a fait une proposition : celle de revenir au festival *Burning Man**. Une expérience que j'avais adorée. Pour moi, c'était un tiraillement ! J'avais tellement envie d'y retourner. Mais j'avais l'impression que si je renouais avec le voyage, je ne rentrerais plus chez moi. Chez moi où il y avait ma compagne, une vie que je commençais à construire… Dans ma tête, j'ai fait ce choix : je me suis dit OK, je renonce à repartir sur la route. Mais le *Burning Man*, je vais le vivre à la maison. C'est à ce moment-là qu'on a lancé *Nus & Culottés*…

Choisir une voie, c'est aussi renoncer. Changer de vie peut parfois nous éloigner de nous-même. Mais aussi nous rapprocher de notre cœur. Ça ne veut pas dire que ça sera facile ! Le renoncement est parfois terrible. Mais d'où viennent nos rêves ? Que sont-ils en réalité ? Peut-être faudra-t-il les poser devant soi, ses rêves, ses projets, ses trajectoires ; les déplier pour mieux les regarder au fond des yeux. Et se poser la question : est-ce que tout ça me rend vraiment heureux ? Ou est-ce que je suis en train d'endosser l'imaginaire de quelqu'un d'autre ?

On a un droit d'inventaire sur nos héritages. Sur ce qu'on nous a transmis en guise de rêves ou d'ambitions. Et surtout, le droit de se planter ! C'est même vital. La vie est une expérience. On a parfois besoin de prendre des voies de traverse : dans le pire des cas, elles nous révèleront toujours quelque chose de nous-même.

Je crois qu'aujourd'hui plus que jamais il y a un art qui est précieux : celui de bifurquer, qui est aussi celui de renoncer. Celui d'être vivant ! Sans doute y a-t-il une forme de courage à trouver en soi pour échapper à des projections qui ne sont pas les nôtres ; ou découvrir qu'on fait fausse route. Le courage, nous suggère l'étymologie, c'est la voix du cœur. C'est la hardiesse (et la sagesse) d'explorer en nous ce qui est là, et si l'on s'en rapproche ; quitte à changer de cap s'il le faut. Essaie ! Au pire, ce n'est pas très grave, tu bifurqueras.

Walp existe un peu pour ça : nous permettre de découvrir des gens qui s'essaient à la vie. Qui ont tenté de sortir des chemins balisés, quitte à cueillir des fleurs inconnues : la peur, le deuil, la joie… Qui nous rappellent que c'est OK d'oser, de faire fausse route. De se tromper. D'entrer dans la vie par effraction. On espère que, parmi les témoignages qu'on partage dans ce numéro, on aura réussi à tendre un peu d'inspiration, une étincelle, un brin de quelque chose. Un grain de folie ?

* *Grand rassemblement festif et créatif qui se tient chaque année dans le désert du Nevada (États-Unis) et se termine par un feu de joie.*

Nans […], pas loin, Guilla[…]isserand-Mouton alias Mouts), co-fondateur de *Walp*

GWENDAL LE BEC

YIAHHHHHH!

La vie simple au Japon

Une maison de 4 m² posée sur un camion, le désir de découvrir comment vivre autrement, au gré des rencontres et de la nature, et une jolie histoire d'amour. **Pierre** et **Chin** ont tellement aimé le Japon « primitif » qu'ils ont décidé d'y prendre racine.

Texte : Valérie Péronnet
Photos : Pierre Westelynck

En 2019, Pierre a 32 ans. La vie telle qu'il l'a imaginée lui ouvre grand les bras. Il a quitté sa Creuse d'adoption pour voyager, appris et développé son activité de réalisateur spécialiste en initiatives positives et créé une petite société de production tournée vers le volontariat international. C'est le moment de se lancer dans un voyage au long cours, où il prévoit des participations à des projets de volontariat qu'il filmera pour en faire des documentaires. Première étape, une ferme dans les montagnes du Népal, où il découvre que le minimalisme est moins un choix qu'une adaptation à la grande pauvreté. Un petit tour en Inde dans une école alternative où les élèves apprennent responsabilité et autonomie, puis un centre bouddhiste en Birmanie dont on lui a prédit que ce serait « une expérience magique ».
Le choc est immense : il se retrouve, avec d'autres volontaires aussi démunis que lui, au milieu de personnes extrêmement vulnérables, et pour beaucoup mourantes, à qui les moines proposent la méditation pour unique soin, en vue de préparer leur prochaine vie. « C'était très compliqué à comprendre pour un Occidental comme moi : l'idée n'est pas de soigner ou de guérir, mais de vivre autrement avec la souffrance... C'était très violent, et bien évidemment infilmable. »

Au cœur de ce chaos bruyant et tourmenté, il rencontre Chin, architecte japonaise d'origine chinoise. Ils deviennent copains, repartent vers la Thaïlande, où elle le laisse pour rentrer au Japon. Elle lui manque. Il décide de l'y retrouver, et rêve de partir à deux au Pérou. Mais le Covid confine de longs mois les amoureux à Tokyo. « C'était Zombiland... Dès qu'on a pu, on a filé. »

Le Japon par les chemins de traverse

Chin lui fait découvrir le livre *La Révolution d'un seul brin de paille*, plaidoyer pour l'agriculture sauvage du paysan-philosophe Masanobu Fukuoka. Ils dénichent sur Internet un écolieu où construire avec des matériaux de récup' leur 4 m² de maison mobile, puis partent sur les routes d'un « autre Japon », alternatif et décroissant. « On est descendus vers le sud, pour fuir l'hiver qui a fini par nous rattraper. On a pris les chemins de traverse, à la rencontre de gens qui vivent leur propre vie, sans lutter contre le monde moderne. On a découvert une douceur, un respect de chacun, une attention à ne pas déranger l'autre. » Ils se posent là où on les accueille, échangent leur aide contre de la nourriture, dans une extrême simplicité, au milieu de paysages époustouflants. « En travaillant dans les champs avec nos hôtes, en vivant à leurs côtés, nous avons eu accès à une tradition que nous ignorions – en construction, agriculture, alimen-

À leur arrivée dans le village d'Ooka, Chin et Pierre ont reçu un cuiseur solaire. Ils y font leurs propres *umeboshi*, ces prunes salées symboles de la cuisine traditionnelle japonaise.

Chin a créé son propre système de cuisson à partir de pierre, de terre et de paille. Elle l'utilise chaque jour pour cuisiner différents mets au feu de bois, principalement issus des cultures du couple.

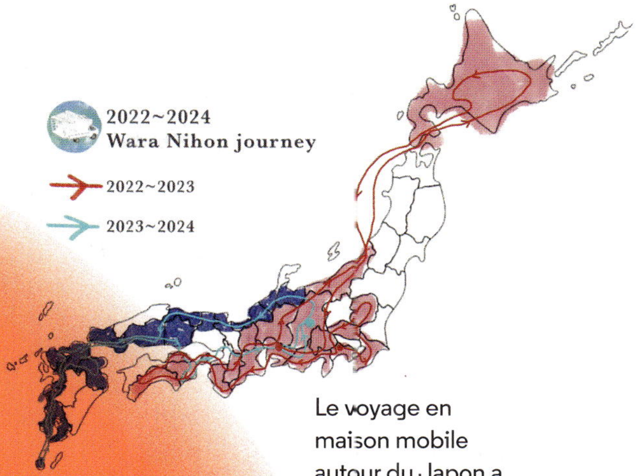

Le voyage en maison mobile autour du Japon a duré deux ans et demi. La première année, Chin et Pierre ont traversé la moitié nord, puis ils sont partis au sud, jusqu'à la petite île de Yakushima.

« À PARTIR DU MOMENT OÙ ON LA RESPECTE LA NATURE NOUS OFFRE TOUT POUR BÂTIR, NOUS SOIGNER, NOUS NOURRIR »

Sur la route, Chin et Pierre ont appris la culture du riz. À leur arrivée à Ooka, les villageois leur ont offert des terres et du riz à planter. Le couple a récolté à la faucille près de 400 kilos de riz dès la première année.

Comme beaucoup de propriétés au Japon, la maison a été inhabitée des années, les gens étant partis en ville. Le couple a décidé de s'y installer pour une durée indéterminée.

Chin et Pierre ne possèdent rien. Mais ils ont tout à disposition pour vivre grâce aux relations de confiance et d'entraide entre les villageois.

« DANS CE VILLAGE, RIEN NE NOUS APPARTIENT MAIS TOUT APPARTIENT À TOUT LE MONDE »

POUR ALLER PLUS LOIN

✱ Pierre Westelynk a mis quatre ans à digérer son aventure birmane. Il la raconte dans un joli livre, *La Vie sans boussole*, paru en janvier 2025 aux éditions Les mots qui portent.

✱ Son film, *Wara Nihon, la rébellion de deux brins de paille*, a été sélectionné au Hokkaido International Film Festival 2024.

Pour des nouvelles, des infos, ou organiser une projection citoyenne, le contacter sur *laviesansboussole.com*

✱ La version originale de *La Révolution d'un seul brin de paille*, de Masanohu Fukuoka, publié en 1975, est rééditée chez Trédaniel.

tation… En route, nous avons toujours trouvé sur notre chemin ceux et ce dont nous avions besoin. Quand on la connaît et la respecte, la nature nous offre tout pour bâtir, nous soigner, nous nourrir, en se renouvelant à une vitesse incroyable. »

Avec ce même regard simple et curieux, Pierre filme leurs tribulations (*lire ci-contre*), leurs émerveillements, leur apprentissage de la vie essentielle ; la cueillette et la cuisine de plantes sauvages, la permaculture, l'agriculture, la construction et les activités traditionnelles. Leur découverte de la riche histoire des trois siècles de la période Edo (1603-1868), durant laquelle il était d'usage de vivre frugalement mais ensemble dans des maisons traditionnelles, y compris dans les villes, et de s'entraider. Leurs rencontres avec d'autres voyageurs, avec des Japonais à la vie dépouillée dans les montagnes ; avec des artistes engagés dans la préservation de la nature ; avec des festivals minimalistes et joyeux ; avec la communauté Yuru Yuru (des citadins qui se retrouvent régulièrement en pleine nature pour reprendre racine). Et un temple bouddhiste où ils ont décidé de se marier au pied levé, au milieu d'inconnus chaleureux et enthousiastes, le dernier jour du festival des cerisiers en fleurs.

Prendre racines à Ooka

Après deux ans et demi sur la route, d'Hokkaido à Yakushima, Chin et Pierre ont eu envie de se poser. Le bouche-à-oreille les a menés à Ooka, petit village d'altitude dans la province de Nagano, où ils ont trouvé une *akiya*. « C'est une maison abandonnée, que l'on peut occuper avec l'accord de son propriétaire. Il nous l'a prêtée pour une durée indéterminée. Il nous a proposé un contrat, mais ça ne nous a pas semblé utile. C'est tout à fait dans la lignée de ce que nous vivons depuis le début, cet esprit de confiance et de partage. » Ils la retapent, défrichent le jardin, s'organisent une vie simple et rustique sans confort moderne, mais où rien ne leur manque. « Nos voisins ont mis à notre disposition une rizière, et des plans de riz pour notre première récolte. Dans ce village, rien ne nous appartient, tout appartient à tout le monde. On peut se servir dans les jardins sans demander, même si c'est mieux de demander. C'est comme ça qu'on vivait avant, ensemble, de ce que la nature offre. »

Un mot pour raconter tout ça : *inochi*, « ce qui englobe le tout ; l'énergie propre à chaque élément de la nature », à laquelle s'accordent celles et ceux qui vivent comme le couple. Même s'ils reçoivent de temps en temps des visiteurs – de plus en plus, ce mode de vie intrigue les êtres en quête « d'autre chose » –, leurs familles française et chinoise ne viendront sans doute pas goûter avec eux à cette vie sauvage, libre et heureuse. Mais les dix habitants du hameau, vieillissants, les ont adoptés, et accueillis comme une bénédiction. Et se font une fête de découvrir bientôt le petit treizième de la bande : Pierre et Chin attendent un bébé, qu'ils se réjouissent déjà de voir pousser dans ce monde-là.

Vagabondages sur grand écran

Les tribulations de Chin et Pierre ont donné *Wara Nihon, la rébellion de deux brins de paille*, un film doux et joyeux, à l'image de leur voyage. Il a déjà été projeté plus de cinquante fois au gré de leurs escales. « C'est vraiment une belle expérience. Les spectateurs découvrent leur propre pays, vu par des yeux étrangers qui leur montrent un monde inconnu ! Et qu'il est possible d'envisager autrement sa propre vie… » Ces projections citoyennes, où chaque spectateur fait un don libre, rapportent plus que les droits d'auteur des documentaires diffusés par le circuit classique. « Quand on s'inscrit dans un cercle vertueux, tout le devient… »

« C'était merveilleux d'être des nomades »

« On s'est laissé guider par les rencontres »

Août 2024

Mathieu et Apolline devant le glacier d'Ushguli (Géorgie). Sur la photo, un chien : « Un de ces princes de la route, comme on en croise en Bosnie, Turquie, Géorgie… » Un « chien libre », comme celui qui les a guidés en Cappadoce : « On s'était perdus. Il neigeait. Il marchait devant nous, se retournait, nous attendait. C'était trop beau ! se souvient Apolline. Il nous a conduits jusqu'au village. » Aller en stop jusqu'en Chine et revenir ? « Ça nous semblait pas si fou que ça. Le stop est un vrai mode de transport pour nous. Mais c'est vrai qu'arrivés dans les steppes kazakhes ou les montagnes kirghizes, avec les familles nomades, on s'est dit : ah oui, là on est vraiment loin… » « On voulait se laisser porter par le voyage, complète Mathieu. Prendre le temps : un an, quinze mois… » Un voyage tourné vers les autres, avec ce désir d'offrir quelque chose en retour à ceux qui les ont pris en stop, ou accueillis chez eux : un dessin d'Apolline ; une recette concoctée par Mathieu, « un Paris-Brest, une tarte… » Alors le temps s'allonge. Celui de dessiner. De fabriquer un cadeau. De lire un livre. Le chemin se pave de surprises. « On s'est laissé guider par les rencontres. C'était merveilleux d'être des nomades ! »

Avril 2025

Tous deux posent leur sac à dos après un an de route. « C'est une belle conclusion du voyage : on rentre avec un fort désir de s'ancrer », dit Apolline. « L'envie d'être entourés, de construire des relations aussi belles que celles qu'on a rencontrées en voyage, prolonge Mathieu. Retrouver de la durée dans les relations. Et avoir un toit, pour rendre l'accueil qu'on a reçu… »

Texte : Philippe Raymond

D.R.

JOY PAN - ISTOCK

Pister les animaux pour retrouver sa juste place

Les vagabonds le savent, la discrétion est une qualité importante. Difficile pourtant de ne pas laisser de traces de son passage, qu'on soit humain ou renard. En piste pour une enquête sauvage qui rend à chacun toute sa place.

Texte : Marine Menier
Portraits : Dominique Granger

« À mesure que je marche le long de la route, mes sens s'éveillent et ma température corporelle augmente. Il fait sacrément bon pour la saison, et je ne suis pas la seule à profiter de ce redoux pour m'agiter...

...Sur ma droite, dans la forêt, un rapace se manifeste. J'avance, le regard et les oreilles tournés vers les bois mixtes. Sur ma gauche, des résineux. À droite, la pente est intégralement recouverte de feuillus, des fayards qui ont perdu leurs feuilles l'automne dernier, décorant la forêt d'une litière rougeoyante. De grosses racines enlacent les rochers moussus, créant des caches que j'imagine habitées. Soudain, mes yeux accrochent le sommet d'un proéminent caillou. Sur celui-ci trône un petit boudin, très allongé, à la pointe bien marquée. Constitué en majorité de baies, j'y distingue aussi quelques poils de mulot...

Chasse au trésor

Le pistage animalier, c'est comme une chasse au trésor grandeur nature. Et personne ne se fait prier pour embarquer dans l'aventure. Tout se met à frétiller en nous quand on se lance sur une piste, et ce n'est pas pour rien : reconnaître une empreinte, formuler des hypothèses sur son propriétaire, sur la direction qu'il a prise ou ce qu'il a fait, c'est une pratique aussi ancienne que l'humanité. Suivre les animaux nous a permis de nous nourrir mieux, mais aussi de nous fondre dans notre écosystème. Une question de survie, en somme. Mais pas que ! Il semble que ce soit précisément avec ces pratiques d'observation, d'analyse, de raisonnement déductif associées au pistage, que le cerveau humain a pu se développer pleinement. Les scientifiques l'affirment aujourd'hui : cet art ancestral serait à l'origine de toutes les autres sciences...

Marine Menier est consultante en gestion des risques pour des missions humanitaires et des expéditions scientifiques. Elle est également animatrice de randonnée et certifiée en pistage animalier. Elle partage ses questionnements, ses propres apprentissages et événements sur instagram : @_marinemenier Et dans son livre *Écobivouac, manuel pratique de l'outdoor ethique* (Parti Pour Éditions).

Chien ou renard ?

On retrouve ces deux canidés sur les sentiers forestiers et les friches. Leurs empreintes sont composées de quatre doigts et d'un coussinet plantaire. Comment différencier ces digitigrades ? Les pattes avant du renard sont plus ovales que les pattes arrière, qui sont plus rondes ; dans la boue, on distingue les poils dans l'espace bombé entre les doigts et la paume. Les griffes, plus surélevées que sur la patte d'un chien, marquent plus en avant et plus finement. On lit parfois, dans le coussinet plantaire de sa patte avant, une marque en forme de boomerang. Enfin : le renard trotte souvent en zigzaguant, guidé par les odeurs des petits rongeurs ! Si vous trouvez un peu plus loin une crotte bien en évidence, posée sur un rocher : aucun doute, c'est avec le rusé Goupil que vous partagez la route.

MARINE MEUNIER

Invitation à un autre monde

Le pistage est souvent associé à la chasse, ou à la photographie animalière. Pourtant, il va bien au-delà de la seule quête de l'animal. Bien sûr, nous avons tous et toutes envie de voir les oreilles rousses du renard, ou les beaux yeux du lynx, au bout du chemin. Mais bien avant ça, l'expérience est déjà si riche ! C'est d'abord une énigme à résoudre : reconnaître, identifier des traces, des indices de présence. C'est aussi une invitation à entrer dans un autre monde, celui de l'animal que vous pistez. En le suivant, vous remontez le fil de sa journée. Essayez d'imaginer ce qu'il a ressenti ; de découvrir le monde avec ses yeux, avec son nez… Le pistage fait aussi travailler l'imagination !

Attention, en période de reproduction et de mise bas, ou dans des environnements difficiles, il est préférable de laisser l'animal tranquille. Pour nous, c'est un jeu ; pour lui, se déplacer est une grande dépense d'énergie. Plutôt que de poursuivre la traque, on pourra se contenter d'apprendre à voir : observer autour de nous, s'immerger dans ce regard… et prendre plaisir à la lecture de l'invisible, en oubliant tout bonnement notre première intention.

Reconnexion

Pister, c'est se reconnecter au présent, ici et maintenant ! Exit la randonnée sportive, on ne fait en pistant que de courtes distances : on avance en farfouillant, bien plus lentement que l'escargot. On apprend aussi à lire le paysage différemment. Herbe couchée à la lisière d'un champ, empreinte à deux doigts dans la boue ou petites boulettes végétales sur le sol… « Si j'étais un chevreuil, où irai-je me reposer ? Où irais-je boire et à quel moment de la journée ? De quoi se composeraient mes repas à cette période de l'année ? » Être pisteur ou pisteuse, c'est aussi percevoir les évolutions en fonction des saisons. Lorsqu'on est attentif aux signes laissés par les espèces sauvages, on comprend mieux leurs habitudes et les liens qui les unissent entre eux. Et nous, au reste du monde ! »

ROBERT HEEMSKERK - ISTOCK

« Pister, c'est se reconnecter au présent »

En pratique...

Les conseils de Marine

✸ Un petit sac à dos, de l'eau pour quelques heures, un carnet et un crayon pour noter vos observations, éventuellement un appareil photo : il ne vous en faut pas plus pour partir à l'aventure.

✸ Une fois dehors, laissez vos yeux se poser : une empreinte ou une plume au sol, un nid dans les branches, des restes de noisette sur un muret de pierre, les indices sont partout !

✸ Si vous prenez des photos, optez pour une prise de vue verticale et pensez à placer dans le champ un objet pour vous donner l'échelle.

✸ Partagez vos découvertes et vos histoires en famille et entre amis : il est possible qu'à plusieurs vous trouviez plus facilement les réponses à vos questions.

✸ De nombreuses espèces habitent en forêt, c'est donc un riche terrain d'expériences ; mais il est possible de pister n'importe où. Je vous invite à pratiquer en ville aussi !

POUR ALLER PLUS LOIN

Si vous avez envie d'en savoir plus sur le pistage animalier, il existe de bons ouvrages, mais rien ne vaut le terrain : initiation de quelques heures, stage de plusieurs jours, ou encore système de certification internationale pour valider des compétences. Il y en a pour tous les goûts. Et puis, pourquoi pas rejoindre (ou créer) un club de pistage à côté de chez vous ? C'est la promesse de découvrir une communauté locale de détectives naturalistes passionnés !

✸ ***Le Petit Guide des empreintes animales*, T. Baffault et Lise Herzog, Éditions First.**

✸ ***Traces et indices des animaux en montagne*, Catherine Balais, Les mosaïques nature, Éditions Glénat.**

✸ ***Le Guide nature - Traces et indices*, Alessandro Staehli et Franck Bas, Guides nature, Éditions La salamandre.**

✸ **Site internet *www.francepistage.fr* pour des dates et lieux de rencontres.**

Isabelle Eberhardt une nomade au Sahara

« À qui cela peut-il nuire, que je préfère l'horizon onduleux et vague des dunes grises à celui du boulevard ? » se désole **Isabelle Eberhardt** en 1901. Vêtue en homme et se faisant appeler Si Mahmoud Saadi, elle ne cherche pas le scandale. Son seul idéal est de vivre de peu, aux portes du désert algérien.

Texte : Magali Brieussel

D.R.

EXTRAIT

« Il faut aimer à quitter »

Aïn-Sefra, mai 1904

« J'avais quitté Aïn-Sefra l'an dernier aux souffles de l'hiver. Elle était transie de froid, et de grands vents glapissants la balayaient, courbant la nudité frêle des arbres. Je la revois aujourd'hui tout autre, redevenue elle-même, dans le rayonnement morne de l'été : très saharienne, très somnolente, avec son ksar[1] fauve au pied de la dune en or, avec ses koubba[2] saintes et ses jardins bleuâtres.

C'est bien la petite capitale de l'Oranie désertique, esseulée dans sa vallée de sable, entre l'immensité monotone des Hauts-Plateaux et la fournaise du Sud.

Elle m'avait semblé morose, sans charme, parce que la magie du soleil ne l'enveloppait pas de l'atmosphère lumineuse qui est

tout le luxe des villes d'Afrique. Et maintenant que j'y vis en un petit logis provisoire, je commence à l'aimer. D'ailleurs je ne la quitterai plus pour un maussade retour vers le Tell banalisé, et cela suffit pour que je la regarde avec d'autres yeux. Quand je partirai, ce ne sera que pour descendre plus loin, pour m'en aller là-bas, vers le grand Sud, où dorment les hamada[3] sous l'éternel soleil.

Parmi les peupliers à troncs blancs, en longs sentiers, suivant les premières ondulations de la dune, avec des parfums retrouvés de sève et de résine, j'ai l'illusion de me perdre en forêt. C'est une sensation très douce et très pure que teinte par moments de sensualité l'haleine plus lointaine d'un bouquet d'acacias en fleurs. – Que j'aime la verdure exubérante et les troncs vivants, plissés d'une peau d'éléphant, de ces figuiers gonflés de lait amer, autour desquels bourdonnent des essaims de mouches dorées !

Dans ce jardin surpris en pleine aridité j'ai passé des heures longues, couchée à la renverse, me grisant d'immobilité sous la caresse tiède des brises, à regarder les branches, à peine agitées, aller et venir sur le fond éblouissant du ciel, comme les agrès d'un navire balancé doucement.

"Là, les vents du ciel se jouent librement"

Au delà des derniers peupliers, déjà plus grêles et plus rabougris, la piste de sable monte et finit brusquement au pied de la dune immaculée, qui semble en poudre d'or fin.

Là, les vents du ciel se jouent librement, édifiant des collines, creusant des vallées, ouvrant des précipices, créant, au caprice de chaque jour, de nouveaux paysages éphémères.

Tout en haut, hasardeusement posé sur un coteau un peu plus stable, avec ses arêtes de pierres noires, un « blockhaus » rougeâtre veille sur la vallée, sentinelle aux yeux vides, qui a vu passer des armées et des bandes pillardes, et qui regarde maintenant le silence et la paix des horizons vagues.

La dune d'un rouge doré ardent tranche violemment sur le fond bleu et sévère du djebel Mekter. Le jour finit doucement sur Aïn-Sefra, noyée de vapeurs légères et de fumées odorantes. J'éprouve la sensation de mélancolie délicieuse et d'étrange rajeunissement des veilles de départ. Tous les soucis, le lourd malaise des derniers mois dans la fastidieuse et énervante Alger, tout ce qui constituait mon noir, mon « cafard », est resté là-bas.

À Alger, j'avais dû mépriser des choses et des gens. Je n'aime pas à mépriser. Je voudrais tout comprendre et tout excuser. Pourquoi faut-il se défendre contre la sottise, quand on n'a rien à lui disputer, quand on n'est pas de la partie ! Je ne sais plus. – Ces choses ne m'intéressent pas : le soleil me reste et la route me tente. Ce serait pour un peu toute une philosophie.

Plus près de moi, j'avais eu l'occasion de voir grandir, dans une âme que je croyais plus affranchie, une passion pure et forte, et je disais à mon ami : « Prenez garde, quand on est heureux on ne comprend plus rien aux souffrances des autres... »

Il partit vers le bonheur, du moins le croyait-il, et moi vers ma destinée.

Maintenant je me suis éloignée, et je sens mon âme redevenir plus saine, naïvement ouverte à toutes les joies, à toutes les sensualités délicates des yeux et du rêve.

Je retrouve dans la seule rue arabe du village des impressions calmes de « chez moi », qui datent du mois de ramadan, l'an passé. Beaucoup de visages connus, sur les bancs et les nattes, devant les kahouadji[4]. Beaucoup de saluts à échanger amicalement.

Et, avec cela, la joie intime de penser que je vais partir demain, dès l'aube, et quitter toutes ces choses, qui pourtant me plaisent ce soir et me sont douces.

Mais qui donc, sauf un nomade, un vagabond, pourrait comprendre cette double jouissance ?

Le cœur ému de tout ce qui m'avait prise et que j'ai laissé, je me dis que l'amour est une inquiétude et qu'il faut aimer à quitter, puisque les êtres et les choses n'ont de beauté que passagère.

Contre les barreaux en fer de la fenêtre d'un café maure, devant les pots de basilic, un rassemblement se forme peu à peu.

On y joue du chalumeau[5] et j'entre : cette musique monotone et triste bercera ma rêverie et surtout me dispensera de parler... »

1. Village fortifié.
2. Petit édifice à coupole.
3. Plateau de dalles rocheuses.
4. Cafetiers.
5. Instrument à vent, proche de la clarinette.

ALAMY STOCK PHOTO

L'ardente du désert

Née en 1877 de parents russes émigrés en Suisse, Isabelle Eberhardt découvre à 20 ans cet éblouissement : l'Algérie. Elle s'y installe seule, farouchement indépendante, avant d'emménager avec Slimène, Algérien engagé dans l'armée française, avec qui elle vivra l'amour fou. L'écriture la console d'une mélancolie qui l'étreint souvent. Pourtant, elle publie peu. Il nous reste d'elle quelques reportages de presse, des nouvelles dans lesquels le désert est omniprésent, beaucoup de lettres – sans oublier ses *Journaliers*, journaux intimes empreints de la spiritualité soufie qu'elle a embrassée avec ferveur. Ces textes émouvants ont failli disparaître dans l'inondation de l'oued d'Aïn-Sefra fin 1904 ; ce jour-là, l'oued en crue emporte la vie de la jeune aventurière de 27 ans.

Écrivaine et traductrice, **Magali Brieussel**, qui a choisi cet extrait, a ouvert la librairie La Géosphère en 2017 à Montpellier (librairiegeosphere.com). Elle y propose un riche choix de livres de voyage, depuis les guides jusqu'aux romans étrangers, en passant par les récits et BD. Une bonne manière de prolonger ses propres périples, dont un tour du monde de quatorze mois.

Extrait de *Lettres et journaliers*, Isabelle Eberhardt. Présentation et commentaires par Eglal Errera © Actes Sud, 1987. Extrait pp. 388-391 de l'édition de poche (collection Babel), avec l'aimable autorisation de la maison d'édition.

CHICHE!

rencontrer

"LE VOYAGE ME PERMET DE ME RÉINVENTER"

Le ciel est bleu de glace, l'hiver touche à sa fin. **Raphaël de Casabianca** ne débarque pas d'un avion, il descend de vélo, casque sous le bras : Nans et Mouts interceptent le frère de route dans sa vie parisienne.

Photos : Éric Garault

Raphaël a arrêté *Rendez-vous en terre inconnue* il y a un an et demi ; avec *Nus & Culottés*, Nans et Mouts placent l'aventure à nos portes. Ils ont rêvé de ce moment : quelles pépites va-t-il amener au pot commun, le frangin globe-trotter ?
La session photo s'apaise, les rires aussi (inracontable). Dans le studio, ambiance comme à la maison, autour d'une tisane : thym-citron, plus le miel de la rencontre.

Nans : Comment en es-tu arrivé à devenir réalisateur, photographe, voyageur, éditeur ? Et où en es-tu aujourd'hui ?

Raphaël : Je suis cofondateur avec un ami, mon meilleur ami, Antoine, d'un média qui s'appelle *Pétaouchnok*. Un média de voyage qui est sur Instagram, et qui a aussi des déclinaisons en édition : des guides de voyage, avec une vingtaine de destinations.

Mouts : Wahhh, genre : « On a cofondé *Pétaouchnock*. Avec mon meilleur pote » (*rires*).

Raphaël : Oui, ça pose ! Il faudra que j'en parle, d'Antoine, évidemment. C'est mon compagnon de route ; celui qui m'a battu aux élections des délégués de classe en 4e (*rires*). J'ai mal accepté cette défaite ! Mais depuis, on est devenus hyper-potes. Après le bac, on a fait nos premiers voyages ensemble. On dormait dans les trains, pour ne pas payer les auberges. On est partis découvrir l'Asie. Un vrai déclenchement sur mon envie d'ailleurs... C'est avec lui que j'ai fait un tour du monde. Avec lui aussi que j'ai réalisé une émission qui s'appelait *Drôle de trip*, sur France Télévisions, avant *Échappées belles*. Après *Rendez-vous en terre inconnue*, j'avais envie de repartir sur un autre projet. Envie de me remettre un peu les mains dans le cambouis. On s'est dit, et si on créait notre média ? Soyons libres, repartons de rien !

Mouts : Quel séisme il y a eu pour toi au départ, ou quelle bifurcation, pour que tu aies cette vie-là ?

Raphaël : Un séisme ? Oui, après le bac, il y en a eu un. Un ami était parti vivre en Thaïlande. Il est revenu au bout d'un an, avant de repartir à nouveau. Il m'a dit : « Tu sais, la vie peut être différente ailleurs... » Lui, il s'était réinventé dans une autre vie, un autre pays, en dehors des codes qui étaient les nôtres. Quand on est au lycée, et qu'on n'a pas encore vraiment découvert le monde... ça m'a marqué. Le voyage me permet de me réinventer ! J'ai toujours eu foi dans ce miracle. En voyage, je me sens profondément vivant. Je vis tout beaucoup plus intensément, les rencontres notamment. Le voyage a cette vertu de vous confronter à quelque chose de différent, à d'autres vérités. Ça vous met dans une fragilité totale. J'ai adoré cette fragilité. Et j'adore la retrouver ! La connexion avec l'autre, en dehors de tout préjugé, ça me fait du bien. Ça m'a aussi aidé à me construire en tant que citoyen ; à me donner une place dans ce monde immense.

Nans : Ça me parle beaucoup. La notion de fragilité, d'espace pour se transformer, presque d'initiation, j'entends aussi la notion de se rapprocher un peu plus de toi-même. Quand tu étais plus jeune, est-ce qu'il y avait quelque chose qui t'empêchait de vivre ce mouvement ? Un carcan familial, scolaire ?

" La joie transforme. Si tu souris, je vais sourire "

PETAOUCHNOK
N'IMPORTE OÙ
PAS LOIN
AILLEURS
N'IMPORTE OÙ
J'OSE

Raphaël : On est tous dans des carcans, dans des modèles, en réaction positive ou négative par rapport à ce qu'on a reçu. Moi, je viens d'une famille où le modèle était très bourgeois. Une famille corse. Des études supérieures, des avocats ou des chefs d'entreprise. Je suis l'aîné des garçons. Depuis quatre cents ans, dans ma famille, les aînés s'appellent Pierre ou François-Marie. C'est comme ça. Et ma mère a décidé de couper. Elle m'a appelé Raphaël. J'ai pris un chemin qui n'était pas celui dans lequel on m'attendait... J'étais dans un bahut à Paris qui était très élitiste, mais je n'étais pas bon élève. Ce qui m'intéressait, c'était la photographie. Ma mère m'a dit : « Fais ce que tu veux, mais fais-le bien. » Elle m'a donné la possibilité de me dire « OK, vas-y ! ». J'ai réalisé mon premier court-métrage à 16 ans. J'ai gagné le deuxième prix de la Ville de Paris. Un film d'animation : les aventures d'un petit bonhomme en pâte à modeler qui s'appelait Burk. Dans ma chambre de bonne, je passais des nuits entières à prendre des photos. Et puis le voyage est devenu pour moi matière à nourrir la photographie, à nourrir le regard : un espace pour créer, et m'épanouir complètement dans ce que je voulais faire.

Nans : Ce n'est pas compliqué de concilier le voyage avec ta vie sociale ? Aujourd'hui, alors que tu voyages peut-être un peu moins, qu'est-ce qu'il reste de tout ça ?

Raphaël : Je crois que j'avais besoin de faire une pause. De me mettre en jachère. Je ne sais pas comment ça se passe pour vous ; moi, je suis habité par les voyages, les rencontres. Un an après, d'un seul coup, des détails me reviennent, des flashes : des fragments qui vivaient en moi. On ne sait jamais quand ils vont rejaillir. Ça, c'est fantastique ! Mais j'avais besoin de me réancrer. *Rendez-vous en terre inconnue*, c'était intense. Trois semaines sans rien, complètement coupé du monde. Vie sociale, familiale, amicale, on passe à côté de beaucoup de choses. Et les retours étaient très compliqués. Vivre une expérience aussi intense, et en moins de vingt-quatre heures revenir chez moi... La ville, le bruit, je vivais ça comme une agression. Et je devais faire le deuil de ce que je venais de vivre. Ça prend du temps, le deuil. Ça devenait de plus en plus compliqué de me réadapter à la vie d'avant.

« On dormait dans les trains, pour ne pas payer les auberges »

Mouts : On partage quelque chose de très similaire. Je pense aussi à des artistes qui partent en tournée, à des soignants qui travaillent la nuit… Sortir d'expériences très intenses pour revenir à un autre quotidien, à une autre forme de présence, ça peut être très douloureux…

Raphaël : L'entourage, les gens qu'on aime, c'est primordial. Quand c'est dur, quand ça tangue, c'est quoi nos îlots de résistance ? Je n'aurais jamais pu faire tout ce que j'ai fait si je n'avais pas une femme extraordinaire qui accepte, d'une certaine manière, de prendre le relais – au détriment parfois de sa liberté à elle, peut-être. Aujourd'hui, je suis super content d'être plus à la maison pour pouvoir dire : « OK, que vais-je redonner à cette personne qui m'a autant aidé ? » C'est un équilibre. Cette pause permet de nous redéfinir, d'une certaine manière. C'est ça qui est beau dans un couple : on n'est pas les mêmes à 20, 30, 50, 60 ans. On est obligés de se réinventer, si on veut durer…

Nans : Il y a une autre femme dont tu parles régulièrement, c'est ta grand-mère…

Raphaël : C'est elle qui m'a initié à la beauté du monde. Quand j'étais petit, j'allais en Corse chez mes grands-parents. C'était une maison entourée de maquis, avec en face l'île d'Elbe, Capraia, Montecristo… Elle me disait : « Viens Raphaël, on se lève très tôt, on va voir le lever du soleil ! » Les odeurs du maquis, les oiseaux qui commençaient à chanter… Et cette explosion de lumière : le soleil, une boule rouge qui sortait de l'île d'Elbe en face de nous ! La vie qui reprenait. C'est devenu un rituel entre nous. On était spectateurs de quelque chose de beaucoup plus grand que nous. C'était très fort de le partager. C'est quelqu'un avec qui je pouvais parler, ma grand-mère. Quelqu'un avec qui je pouvais discuter à cœur ouvert. Toujours en douceur… Dans ce monde un peu patriarcal, c'était souvent les femmes qui arrangeaient les choses. Une autre époque ! Toutes ces femmes avaient cette faculté de trouver des solutions, d'écouter, de s'adapter. Elles avaient cette sensibilité que j'adorais. Ma grand-mère me disait : « Raphaël, dis-moi, quels sont tes tapis volants ? Il faut que tu aies des tapis volants. Des moments qui t'appartiennent. Qui t'emportent. »

Nans : C'est elle aussi qui t'a insufflé le goût de partir ?

Raphaël : Elle me disait : « Quand tu es jeune, tu as envie d'embrasser le monde. Tu vas regarder loin. Tu seras fasciné ! Tu voudras tout connaître… Mais avec le temps, tu verras que les richesses sont à portée de main. Si tu regardes à tes pieds, tu trouveras des choses magnifiques. »

Mouts : Tu t'y inities en ce moment ? À regarder un peu plus autour de toi ?

Raphaël : Oui, et depuis quelques années déjà. La beauté du monde dépend de notre regard, et ce dernier change avec le temps. Je compare souvent ça à la plongée sous-marine. Au début, tu veux en prendre plein la vue : voir des baleines, des tortues… et puis ton regard évoluee. Tu vas te focaliser sur une micro-algue, parce qu'elle est un peu orangée, parce qu'elle est spéciale… ▶

Nans : Tu voyages beaucoup, tu rencontres des peuples, des situations très différentes. Tu dois aussi rencontrer la souffrance. Comment le vis-tu ?

Raphaël : Dans les derniers voyages, ce qui m'a vraiment marqué, c'est évidemment le dérèglement climatique. Et là, le prix fort, ce n'est pas nous qui le payons ! J'ai beaucoup été en contact avec des peuples qui étaient au bout de la chaîne. Ce sont eux qui payent cash notre mode de vie ; c'est injustice totale. Comme à Madagascar, où la sécheresse est terrible... Et ça, c'est très compliqué à vivre. Tu donnes la parole aux gens, tu les écoutes, tu es complètement avec eux. Et tu te demandes : « Que puis-je faire ? Qu'est-ce qui peut changer ? »
Il n'y a rien de pire que de ne pas pouvoir agir concrètement. Je me rassure en me disant que je transmets leur quotidien, leurs craintes. Que l'émission, peut-être, sèmera une graine, un début de prise de conscience. Je crois qu'on a besoin d'avoir des personnes qui nous disent ce qui se passe ailleurs. On est dans un monde qui se rétracte. On est tous un peu enfermés dans nos algorithmes, aussi... Je crois qu'il est nécessaire de transmettre.
D'être témoin. En Colombie, avec *Rendez-vous en terre inconnue*, on a levé 200 000 euros, ce qui nous a permis de racheter des terres pour les restituer aux indiens Kogis. Je me dis que ça a du sens. Au moins, j'ai fait ça.

Mouts : Aujourd'hui, tu voyage moins. Qu'as-tu envie de laisser décanter ?

Raphaël : Ce qui est génial, c'est que je n'ai pas d'envie. Je laisse les choses venir. Il y a un travail intérieur qui commence à se faire. Qui permet de structurer quelque chose en moi... Verbaliser, prendre conscience. Honorer les personnes qui m'ont transmis ; faire pause pour transmettre à mon tour, ne serait-ce qu'à mes enfants, une partie de ce que j'ai ressenti, de ce que j'ai vécu. Commencer à écrire un bouquin – ce que je n'aurais jamais imaginé faire il y a quelques années...

Nans : Si tu avais une seule chose à transmettre à tes enfants, ou aux lecteurs, ce serait quoi ?

Raphaël : J'ai envie de dire un truc très bateau. Quand tout va mal, quand on est dans les pires difficultés, croire en ses rêves, profondément. C'est-à-dire croire en notre pouvoir de transformer les choses. Et considérer que la vie est un miracle ! Chaque moment. Chaque détail.

Mouts : Y compris les passages difficiles...

Raphaël : Tout ! Il y a un moment qui m'a beaucoup marqué durant mon avant-dernier voyage, mais qui n'a pas été filmé. On est au Népal, avec les Dolpo-pa, des éleveurs nomades. Ils doivent faire le fromage : c'est vital, l'hiver arrive, la vallée va être coupée, ils n'auront plus accès à rien. Ça prend des journées entières ; avec Tomer Sisley, on aide comme on peut. Tout le monde est épuisé. Et puis, en pleine nuit, on entend du bruit. La tente où était entreposé le fromage a été écrasée par le troupeau de yaks. Il n'y a plus rien. Avec Tomer, le premier réflexe qu'on a, c'est la colère. Quelle injustice ! C'est horrible. Et puis Amchi, le grand-père, se met à danser devant nous. Il danse, et il chante. On est stupéfaits. Il nous dit : « Ce qui est fait est fait. On ne peut rien changer. La vie est belle ! » Waow... C'était énorme. Tomer m'en parle encore. Il a eu des problèmes, un cambriolage, mais il me dit : « C'est dingue comme je m'en fous ! » Dans cette danse, dans ce jaillissement de la joie au plus profond de soi, il y avait tant de choses, tout un rapport au monde. Vous, ça vous parle, évidemment. C'est quelque chose d'extrêmement puissant, qui nous interroge sur nous-même. Je voudrais transmettre cette confiance. Cette joie qui jaillit. Parce que ça emporte tout. Nous, après, on était heureux.

Mouts : La joie malgré tout.

Raphaël : Oui ! Et la joie transforme. Si tu souris, je vais sourire. Si tu es ému, je vais être ému. Aujourd'hui, quand quelque chose vient me percuter, j'ai toujours cette image de danse…

Nans : Et tu danses, parfois ?

Raphaël : J'adore danser ! Quand je suis heureux, je danse.

Nans : Et quand tu es triste ?

Raphaël : Je danse aussi. ♥

"LA BEAUTÉ DU MONDE DÉPEND DE NOTRE REGARD"

Jeux de mains pas vilains entre Angie, accompagnante, et Gabriel, à côté d'Olivier, encadrant et coach sportif. *(À dr.)* Mains à la pâte pour Kévin et le jeune Eliott, sous le regard de Cécile.

Le bonheur est dans *LA COLOC*

C'est une colocation pas tout à fait comme les autres. Au cœur de Lourdes, au premier étage d'un immeuble de la rue principale, la Villa Amé y réunit sept adultes en situation de handicap et une dizaine d'encadrants qui se relaient auprès d'eux pour partager leur quotidien.

Texte et photos : Laurence Fleury

Ils s'appellent Léo, Marie, Cécile, Nicolas, Gabriel, Christophe et Christelle. Ils ont de 20 à 54 ans, et souffrent de pathologies variées : polyhandicap, autisme, maladie génétique rare, trouble fonctionnel et cognitif ou déficience intellectuelle. « Avant, on vivait dans un IMPro*. On était très nombreux, mais on ne mettait pas la table », raconte Christelle, 49 ans. « Tu peux parler, toi aussi ! » souffle-t-elle à son mari. Et de poursuivre après un silence : « Ici, on fait à manger, on choisit nos activités. On fait presque tout ce qu'on veut. Et si on n'a pas envie, on ne fait rien. On est mieux. »

Entre la maison et l'institution

Tous les colocataires ont choisi eux-mêmes d'expérimenter cette alternative entre la maison et l'institution. Un « entre-deux » qui prône le vivre-ensemble et offre à chacun un accompagnement adapté. Un modèle d'habitat inclusif novateur qui, depuis 2014, fait des émules. À l'origine de l'association Le Club des Six, il y a Sabrina, jeune femme lourdement handicapée suite à un accident de voiture. La vie bascule pour sa famille et elle, et c'est pour l'aider à retrouver une certaine autonomie tout en bénéficiant d'une assistance quotidienne que sa sœur, Maïlys Cantler — aujourd'hui présidente de l'association —, a l'idée de créer un lieu de vie adapté et accompagné, sous forme de collocation avec cinq autres personnes handicapées. La Villa Sabrina ouvre en 2014. Depuis, Le Club des Six (*club-des-six.fr*) a créé vingt-deux autres villas dans toute la France et espère en ouvrir une centaine d'ici 2028.

Une vie comme en famille

C'est l'effervescence ce matin à la Villa Amély. Léo, Marie et Nicolas s'en vont promener le chien sur les hauteurs de Lourdes, tandis que Christophe et Kévin préparent le déjeuner avec Angie.
La colocation compte six chambres spacieuses, une chambre d'ami pour les visiteurs — dont Kévin bénéficie de temps en temps, en attendant qu'une ▶

> Quand j'étais jeune, j'étais très en colère contre mon corps et contre le monde entier
> **Cécile**

Des colocs qui ont du chien ! Moments câlins avec Thorvie chez les adultes… et Guizmo chez les seniors. Ici, Marie rend visite à Valérie et Georgette.

place se libère dans une villa — et une pièce de vie spacieuse. « C'est là que tout se passe, explique Charlotte Laffaille, la coordinatrice. On prend les repas tous ensemble, on vit comme à la maison, à la différence qu'on est présent jour et nuit à tour de rôle pour les accompagner. » « On est tout le temps avec eux, renchérit Julie, aide médico-psychologique. Il arrive qu'on soit cinq encadrants sur la journée, c'est presque une assistance individuelle. Ce qui serait impossible dans une institution classique où le personnel n'est pas assez nombreux. »
« Allez Thorvie, on y va ! » lance Léo, le sportif du groupe. Thorvie est une grosse boule de poils que Julie amène avec elle au travail pour le plus grand plaisir des résidents. « Un chien, c'est important pour les câlins, certains l'adorent. Mais il faut aussi le sortir, explique sa maîtresse. Ils le savent et s'en occupent. Ça les responsabilise. »

Joies et tensions

Le petit groupe baguenaude sur une route de campagne face à la chaîne des Pyrénées qui domine la ville. Marie, pendue au bras de Charlotte, caracole en tentant d'accrocher son regard. « Marie souffre du syndrome de Cornélia de Lange, qui provoque des petits troubles du comportement, explique l'encadrante. C'est une boule d'énergie ! Aussi adorable que difficile à vivre pour le collectif quand elle est dans un mauvais jour. » Et Léo de renchérir : « Je me mets en colère quand elle me casse les pieds. »
« Chacun sait, dès qu'il intègre la coloc, qu'il faut cohabiter tous ensemble et être tolérant les uns envers les autres, insiste Charlotte. Mais je me mets à leur place. Même si on fait complètement partie de leur quotidien et eux du nôtre, on coupe dès lors qu'on rentre chez nous le soir. Pas eux. »
« Ceci dit, on ne coupe jamais vraiment ! précise Julie. Les colocs — c'est comme ça qu'on les appelle — connaissent nos familles, nos enfants, nos maisons. Je viens avec mon fils au travail de temps en temps. Ça lui apprend la tolérance et ce qu'est le handicap. À Noël, j'ai invité Gabriel à passer les fêtes chez moi car il n'a pas de famille, on n'allait pas le laisser seul ! »
Julie, qui vit à proximité de la ferme de ses beaux-parents, propose régulièrement aux

résidents d'aller nourrir les vaches ou conduire le tracteur. « Ils adorent ! Et donc ils font complètement partie de notre quotidien. On ne compte pas nos heures et on est tous venus sur notre temps libre pour des soirées pyjama, des pique-niques ou même pour partir en vacances. Ça nous fait plaisir. »

Petits bonheurs partagés

Cet après-midi, c'est atelier pâtisserie avant d'aller prendre le thé chez les voisines. À l'étage au-dessus vivent huit personnes âgées, également en colocation. « On se rend visite, poursuit Charlotte, on encourage la mixité intergénérationnelle. »
« J'aime bien monter voir les mamies, confie Cécile. Je n'ai pas beaucoup d'échange avec les colocs. Ils ne me comprennent pas toujours quand je parle, et ils ont du mal avec le second degré. » Coincée dans son fauteuil électrique, Cécile assiste de loin à la recette du gâteau entreprise par Marie, Kevin et Elliott, le petit dernier de Julie. Elle poursuit, en faisant l'effort de bien articuler : « Quand j'étais jeune, j'étais très en colère contre mon corps et contre le monde entier. J'étais mal dans ma peau, j'avais la rage, je me suis réfugiée dans la musique. Aujourd'hui, je vais mieux psychologiquement, mais je ne supporte pas la condescendance qu'on manifeste parfois en raison de mon handicap. J'ai choisi de venir ici pour me rapprocher de ma mère que je vois le week-end, tout en ayant mon autonomie et mon chez-moi. »

Coach particulier

Tandis que certains s'affairent, les mains dans la pâte, Christelle s'échappe avec Olivier pour sa séance de gym. Chacun leur tour, Olivier accompagne les colocs à la salle de fitness toute proche. « Je suis un peu leur coach sportif, plaisante l'encadrant. Tout le monde les connaît, les gens sont même admiratifs de leur pugnacité. Et ça change leur regard sur le handicap, qui, malheureusement, a du mal à évoluer dans la société. Parfois, j'emmène Christelle avec moi aux cours collectifs, le soir après le boulot. Pas besoin de remplir une batterie de paperasseries administratives pour la faire sortir de la coloc. »
À 17 heures, tout le monde se presse chez les mamies pour le goûter. « Ça nous fait de la compagnie », sourit Georgette, toute pomponnée. « Ils sont très sympas et c'est enrichissant de les côtoyer car ils sont sans filtre, ajoute Odette. Ce sont de grands enfants. »
« Les encadrants ont bien du mérite aussi, confie une autre. Car c'est quand même un métier difficile, peu rémunérateur ni gratifiant socialement. »
« On est d'accord, les candidats ne se bousculent pas pour venir travailler ici. Mais la reconnaissance, on la reçoit chaque matin quand on arrive, objecte Olivier. Les colocs sont heureux de nous voir, et ça, ça n'a pas de prix. On forme une vraie petite famille ! On est là pour eux et ils nous le rendent bien. »

Léo *(en haut)* et tous les colocs partagent leurs repas avec les accompagnants dans la pièce de vie de la villa Amély.

** Institut médico-professionnel, qui accueille des personnes avec une déficience intellectuelle.*

L'équipe du documentaire a passé du temps sans caméra avec ces femmes, d'abord méfiantes. L'une d'elles avait été traumatisée par des journalistes népalais, qui avaient dénaturé son récit après le décès de sa belle-mère.

Coexister avec les tigres

Au Népal, les villageois du parc national de Bardiya tentent de lutter contre les attaques mortelles de tigres du Bengale tout en œuvrant à la préservation de cette espèce en voie de disparition. Un défi complexe qui questionne la relation entre l'humain et la faune sauvage, et dont témoigne une jeune documentariste, **Julia Mousset.**

Texte : Agnès Rogelet

LES AMIS DE L'IFFCAM - FRANCESCA SFORZA

Un tigre à la lisière du village.

La jungle de Bardiya gazouille, craquète, grogne, bruisse... Quand soudain, les singes perchés dans les arbres sonnent l'alerte : un tigre du Bengale roule des épaules le long de la rivière où s'abreuvent des cerfs tachetés. Cette scène classique du film animalier cache ici une tension hors norme. Car dans ce parc national népalais de 968 km^2, situé à plus de vingt heures de bus de Katmandou, les félins attaquent aussi des humains. Et les humains ne tuent pas les tigres ! « Parmi les treize pays qui se sont engagés en 2009 à doubler la population de cette espèce menacée, le Népal est le seul à avoir réussi. Mieux : il l'a presque triplée, passant de 121 à 355 tigres aujourd'hui, dont 125 à Bardiya. Son plan de conservation a permis de lutter contre le braconnage, les os de l'animal étant prisés dans la pharmacopée chinoise, et de former des guides », rapporte Julia Mousset, licenciée en anthropologie et coréalisatrice d'un documentaire sur la cohabitation problématique de ces fauves avec les villageois.

Un territoire de subsistance pour tous

« Alors qu'on ne recensait aucun décès humain depuis vingt ans, le nombre s'est accru depuis le Covid, période durant laquelle les gens sont revenus des villes, faute de travail. Douze personnes sont décédées en 2022, année de notre tournage. On en est à trente aujourd'hui », déplore-t-elle. Faut-il croire que le tigre, qui préfère les cerfs et les singes, ►

RÉMI ÉMERIAU

Bhawana lors de l'interview dans laquelle elle relate l'attaque mortelle de sa belle-mère par un tigre.

Une matinée dans le village.

Le parc national de Bardiya : 968 km² au sud du Népal, non loin de la frontière avec l'Inde.

manque de proies ? « C'est possible car il doit y avoir trop de tigres, seuls les adultes étant comptabilisés. En réalité, le tigre n'aime ni l'odeur ni la chair humaines. Souvent, quand il attaque, il confond les femmes accroupies pour ramasser du bois avec ses proies habituelles », dit-elle.
Les autorités ont créé des « forêts communautaires », portions de jungle réservées aux habitants pour y puiser leurs ressources. Mais les animaux ne connaissent pas les frontières et bondissent allègrement au-dessus des barrières. À Mohanpur, les villageois ont « besoin du feu », quitte à oublier la présence du tigre, explique Bhawana Rawat, qui y vit. Sa belle-mère n'en avait pas peur et s'est fait dévorer. Devant la caméra, elle livre un récit factuel et glaçant du drame. « On l'a écoutée durant plus d'une heure sans l'interrompre, sans traduction. C'était intimidant tant son visage restait impassible », se souvient Julia. Avec

LES AMIS DE L'IFFCAM

Les animaux ne connaissent pas les frontières et bondissent allègrement au-dessus des barrières

Plan aérien d'un village : on voit bien sa proximité avec le parc.

deux autres femmes, Bhawana a asséné des coups de bâton sur la tempe du tigre qui s'est enfui... Avant de revenir en rugissant, les obligeant à abandonner le corps de sa belle-mère. « On doit nourrir le bétail. Si on avait accès au biogaz, on n'aurait pas à aller chercher du bois... », termine-t-elle, le regard dans le vide.

Assurer la surveillance

Le biogaz ? Il a déjà été testé dans la région. « Les habitants ont vite délaissé ce système nécessitant beaucoup d'excréments, donc de bétail, et qui les oblige à cuisiner en dehors de chez eux, au sein du village. Or les rues ne sont pas éclairées et ils craignent le léopard qui attaque de nuit leurs bêtes et leurs enfants allant aux toilettes dans le jardin », précise Julia. Ils réclament des lampadaires. Mais le gouvernement n'équipe que des petites villes et ne fournit des lampes-torches qu'à quelques villageois. « À Bardiya comme en France avec les loups ou les ours, les lois et actions de conservation sont portées par des gens des villes qui n'ont pas prévu ni compris comment les communautés locales peuvent coexister avec les animaux », s'insurge la réalisatrice. Le NTNC, *National trust for nature conservation,* qui œuvre pour la préservation de la faune, offre des cages plus solides aux familles victimes d'agressions sur des poulets ou des chèvres. « Mais il faut prouver que l'animal revient régulièrement et nombreux sont ceux qui ne savent ni écrire ni où demander de ►

Les tigres sont friands de cerfs tachetés – et de singes.

« Le tigre a le droit de vivre à Bardiya »

L'équipe de tournage suit le guide Bhawany Prasad Kandel dans la jungle.

l'aide », souligne-t-elle. Faute d'obtenir des dédommagements, certains ont créé entre eux une sorte de tontine.

Le NTNC enferme également chaque tigre ayant perpétué deux attaques mortelles d'êtres humains. Résultat : à Katmandou, l'unique zoo du pays sature. Les « mangeurs d'hommes » récidivistes sont donc mis en cage dans des enclos locaux, dans de terribles conditions. Après un décès, les conservateurs posent aussi des « pièges caméras ». « Ils mettent un collier-satellite aux tigres pour vérifier s'ils pénètrent vraiment dans les villages. Visiblement, ce n'est pas le cas, mais les fauves savent que le bétail pâture dans les forêts communautaires. Je ne peux pas croire qu'un tigre décide d'attaquer une femme alors que leurs buffles sont à côté, poursuit Julia. Le plus souvent, ce sont des tigres âgés ou blessés, trop affaiblis pour courir après les daims, qui se rapprochent des habitations. »

Comprendre le comportement des tigres

Casquette kaki et tee-shirt camouflage, Bhawany Prasad Kandel, guide naturaliste propriétaire d'une *guest house*, mène bénévolement des actions pour apprendre aux écoliers à connaître les tigres et à être fiers de vivre là où l'on peut observer facilement cet animal rare. « Les guides savent comment réagir face à un tigre. D'ailleurs, aucun touriste n'a subi d'attaque », relève Julia qui, six ans avant le tournage, a pu fixer du regard les yeux

RÉMI ÉMERIAU

Le Népal lutte aussi contre le braconnage pour la corne de rhinocéros, vendue à la Chine voisine. Il faut savoir grimper aux arbres pour échapper à la fronde de cet herbivore, agressif, mais qui ne tue pas les humains.

jaunes de cet animal à moins de quatre mètres, grâce à Bhawany. Ce dernier avait alors bafoué son éthique en dérangeant le fauve durant sa chasse. Le tourisme, avec les revenus qu'il génère (safaris, créations d'axes routiers) permet la préservation de la faune mais perturbe son habitat. « Il faut trouver la balance entre les deux, sinon la nature va en pâtir », reconnaît cet infatigable militant de la cause animale. « Son discours est parfois difficile à entendre pour les familles endeuillées, nuance la documentariste. Il faudrait apprendre aux gens à aller en forêt à plusieurs, faire du bruit, désigner une personne qui surveille... La conservation ne peut fonctionner sans prendre en compte l'humain qui, autrefois, coexistait avec ces animaux. Dans ce pays hindouiste et bouddhiste, ces familles ne sont animées d'aucune vengeance. Toutes nous ont dit : "Le tigre a le droit de vivre à Bardiya. C'est son habitat autant que le nôtre." » ✱

POUR ALLER PLUS LOIN

- *Bardiya, le prix du feu*, documentaire tourné par Les Amis de l'IFFCAM (Institut francophone de formation au cinéma animalier de Ménigoute) sur une idée originale de Julia Mousset. Pendant deux mois, dix jeunes diplômés de cette école, conseillés par l'anthropologue Nolwen Vouiller, ont partagé le quotidien de familles endeuillées par les attaques de tigres.
- À voir sur *vimeo.com* ou au Festival Nature climat environnement du 29 mai au 1er juin 2025 à Aubusson.
- Réseaux sociaux : *Bardialefilm* sur Instagram et *Bardiya, le prix du feu* sur facebook.

Jean-Bernard Huon

« Je ne suis pas un mouton, je n'ai pas envie de rentrer à la bergerie ! » Soixante-dix-sept ans que **Jean-Bernard Huon** ne fait rien comme les autres. Ce « marginal heureux » a passé sa vie à cultiver sa terre de Penprat (Finistère) à la manière de ses ancêtres : à la force des bras et des bœufs.

Texte et photos : Rémi Barbet

Son rire débonnaire m'accueille dès mon premier pas dans la boue de l'hiver breton. « Je t'avais prévenu de chausser les bottes ! Où tu vas aller comme ça avec tes baskets ? Allez, viens te réchauffer, commence par manger avec nous avant de me poser tes questions ! On a tout notre temps. » Sa bonne humeur est communicative. Un pâté de tête maison, une côte de porc de la ferme, des patates du jardin et un verre de cidre artisanal pour trinquer ; le décor est planté, notre rencontre peut débuter. « Tout est bon chez Huon, tu verras », le rire toujours, en guise de ponctuation.

Vous avez toujours vécu ici ?

Exact, cette ferme m'a vu naître, elle me verra partir. Les murs et le mobilier sont dans le jus de l'époque mais *gast**, c'est quand même un peu plus douillet qu'avant. Le toit a longtemps été en chaume, maintenant on a des tuiles et une cheminée : c'est le luxe !

Ce sont vos arrière-grands-parents qui ont acheté la ferme...

C'était au début du siècle dernier, en 1904. La Bretagne n'avait rien à voir avec l'image de carte postale qu'elle véhicule aujourd'hui ! On vivait de peu, la misère régnait, mais l'entraide aussi. Je suis né en 1947, juste après la Seconde Guerre mondiale, une époque où l'on se réjouissait d'un rien : la naissance d'un poulain, une récolte réussie, une météo clémente. Et puis un jour, mon père est décédé, sa malformation cardiaque a fini par l'emporter. Sacrée fatalité, mais la nature se contrefiche que l'homme de la maison soit parti, le travail n'attend pas. J'avais 15 ans et 15 hectares devant moi...

Et vous avez réussi à faire survivre ce lieu...

L'histoire de cette ferme, c'est celle d'une lutte permanente. Tu sais, la vie à la campagne, c'est l'entraide, certes, mais c'est aussi la concurrence, rien n'est donné. C'était la période du remembrement agricole initié par le gouvernement de Charles de Gaulle. Les fermes devaient s'agrandir, produire plus, accueillir la modernité, les tracteurs et les engrais chimiques. La Bretagne a accueilli l'agriculture intensive à bras ouverts, notamment l'élevage de porcs et de volailles. ►

"La ferme de Penprat, c'est une bulle hors du temps"

Vous avez la réputation d'être le « dernier paysan breton » ?

Quatre bœufs, six vaches, deux cochons et des oies qui pâturent en liberté, c'est sûr que je détonne dans l'agriculture bretonne. Ici, on produit de tout : du cidre, du beurre, de la viande, un peu de céréales, des légumes, de la charcuterie. Mais pas avec l'ambition de nourrir le monde entier ! Seulement nous et les gens qui nous entourent. C'est une ferme vivrière, comme partout dans le pays au début du XXe siècle.

Une ferme sans tracteur ni engrais…

Mon premier tracteur, je l'ai chevauché à 65 ans parce que, pour certains travaux, mon dos devenait trop douloureux. Mais je cultive toujours ma terre avec mes bœufs – mes « gros doux » comme j'aime les appeler ! – et je la nourris avec le fumier de la ferme, l'engrais le plus naturel qui soit. Avec ma femme Laurence, nous cultivons ce bon sens paysan : rien ne se jette, tout a une utilité sur la ferme. L'autonomie, voilà notre vision de la vie. Nous vivons en autarcie, comme des marginaux – mais nous sommes des marginaux heureux, c'est tout ce qui compte !

Vous n'avez jamais quitté la ferme ?

Une fois, pour effectuer mon service militaire. Cette expérience a changé ma vie. À 20 ans, j'ai troqué ma chemise à carreaux et mes sabots bretons pour l'uniforme de l'infanterie de marine de Vannes et je me suis envolé pour l'Afrique. Là-bas, j'ai servi en Côte d'Ivoire et au Sénégal, deux anciennes colonies françaises qui venaient d'acquérir l'indépendance. J'y ai appris la camaraderie, mais j'ai surtout vu la misère et la faim de mes propres yeux, ça m'a tordu le bide. C'est à cette période que je me suis davantage ouvert à l'autre et que j'ai décidé qu'à mon retour sur la ferme, la porte de la maison demeurerait toujours ouverte.

Des gens viennent passer du temps ici ?

Aujourd'hui, les jeunes parlent de « woofing » ou de « camping à la ferme », c'est tendance. Avec du recul, je pense que j'ai été l'un des pionniers de ce mouvement-là. Dès les années 70, je publiais des petites annonces dans la presse locale et la revue *Nature et Progrès* dans lesquelles je proposais le gîte et le couvert contre un coup de main à la ferme. Regarde autour de la table, les jeunes ne manquent pas : Vincent, Jérôme et Sébastien sont souvent là pour m'aider et partager un repas. Vivre en marge n'est pas synonyme d'isolement.

Qu'est-ce qui les attire sur ce lieu ?

La ferme de Penprat, c'est une bulle hors du temps. C'est

"Respectez les objets, ne les remplacez pas par des broutilles Ikea sans âme"

pour cela que les gens viennent à nous ! Pour s'extirper de la frénésie moderne, du tout chronométré. On en accueille plein des gens de la ville comme toi, je les appelle les « citadingues ». Ils fuient ce monde fou pour retrouver des choses simples : bien manger, travailler au plein air, s'en ficher d'avoir de la boue aux pieds !

Vous évadez-vous parfois ?

Si je m'évade, c'est avec un bon roman d'aventure, j'adore ça ! *Into the Wild***, par exemple, ça c'est du bouquin et aussi une belle leçon de vie ! Ce jeune homme a refusé la modernité pour renouer avec la nature. Malheureusement, il a péché par excès de fierté et est mort atrocement. Aimer la nature, c'est bien, mais la connaître, c'est mieux.

Quel est votre souvenir le plus fort ?

Nom de gueux, t'en as des questions, toi ! Ils sont nombreux, pardi. L'image que je garderai toujours en tête, c'est celle de ma mère sur son lit de mort. *[Jean-Bernard se ressert un verre de cidre, son rire s'efface et les larmes montent].* Je me rappelle lui avoir croisé les doigts et être resté bouche bée, comme fasciné par l'ampleur de ces mains. Elles racontaient tout de sa vie, c'étaient les mains d'une mère aimante, d'une travailleuse de la terre, d'une meneuse d'hommes. La Bretagne est une région très matriarcale vous savez ; ici, l'adage, c'est que les femmes portent la jupe et la culotte !

En quoi croyez-vous profondément ?

Aux énergies, c'est tout ce qui compte... L'arbitre, c'est toujours mère Nature. Les anciens l'avaient compris. Ici, dans le Finistère, tous les calvaires sont construits sur une veine d'eau... L'histoire de la Bretagne est entremêlée de druidisme et de catholicisme – voire de sorcellerie. J'en ai entendu des histoires en trois quarts de siècle ! Tout ce que j'en garde, c'est l'amour : la seule chose qui vaille après tout.

« Je cultive toujours ma terre avec mes bœufs, mes gros doux »

Que souhaitez-vous transmettre aux plus jeunes ?

Ce petit monde de liberté *[Il ouvre les bras pour désigner sa ferme].* Tout ce que j'espère, c'est que ceux qui me succéderont ne brûleront pas tout le mobilier... Cette armoire du XIXe siècle, cette table en chêne, ces montres à gousset que mon grand-père m'a transmises, tous ces objets racontent une histoire. Ils témoignent du travail de ceux qui ont façonné ce lieu à la sueur de leur front, à la force de leurs convictions. Alors respectez-les, les objets – nom de gueux* –, ne les remplacez pas par des broutilles Ikea sans âme. Surtout, je souhaite qu'ils comprennent une chose, nos jeunes : c'est pas le travail qui tue l'homme, c'est l'homme qui tue le travail. Elle est pas mal, celle-là, non ? [*Rires.*] À méditer, comme on dit.

** Juron breton.*

*** Jon Krakauer, Into the wild : voyage au bout de la solitude.*

ET SI…

23 juillet 2010. L'émission *Nus & Culottés* n'existe pas encore. Le soir d'été est bleu de Bohême. À peine revenus de leurs pérégrinations à travers le monde, Nans et Mouts se retrouvent dans un village de Haute-Marne, chez les parents de Mouts. Ils sortent faire quelque pas… avant de réaliser que l'heure est trop belle pour rentrer. Ils vont partir droit devant eux, à l'aventure. Jusqu'où ?

Scénario et dialogues : Philippe Raymond

Dessins : Sandrine Goalec

23 juillet 2010, chez les parents de Mouts, en Haute-Marne.
Les garçons, vous pourriez apporter le journal à la voisine ? On l'a fini...
On est partis rendre ce service. Un tout petit kilomètre à pied.
C'est à ce moment-là qu'on l'a senti.
Comme un parfum dans l'air.
Il n'y avait que la route, le ciel.
Et nous.
Pourquoi rentrer ?

YIAHHHHHH!
Les parents ne s'affoleraient pas de notre absence.
WAAAAAHHH
On trouverait un téléphone pour les appeler. Demain...
On avait 20 berges et des poussières. Chacun de son côté, on venait de traverser un continent.
béatitude
kiffance profonde
Un an plus tard, on serait sur les routes,
pour Nus & Culottés.
? ?
Mais cette nuit-là, on était juste en liberté.
On avait nos diplômes en poche, tout frais...

...Et zéro envie de chercher du boulot.
SNIF SNIF
Le monde nous glissait deux mots à l'oreille.
Et si...
On a décidé ça : on avançait droit devant nous, jusqu'à l'aube.
On n'avait pas d'argent dans les poches. Pas de téléphone. Juste l'immensité des possibles...
Deux vagabonds sur les routes.
Un camion nous emmènerait à Lisbonne...
Vou para Lisboa...
Lucinda, routière portuguaise
WIF
WIF
WIF
Ou un hélicoptère à Moscou.
Igor, milliardaire russe
Davaï, tovarrritchs !
Le monde était immense. Et le monde nous appartenait !

La place Rouge serait-elle blanche ?
SNIF SNIF
À nous les palaces, le temps d'une virée !
Igor, on n'a pas de costume...
Pas prrroblème, ami ! J'en ai plein le coffrre.
Seule difficulté : trouver un véhicule.
BBBBOUUUHOU
Il n'en passait pas beaucoup, dans le coin.
On a enfin été pris en stop.
Je m'arrête ici !
Pas par un milliardaire russe.
Il allait au village d'à côté.
MIMIBLED S/MARNE
4 kilomètres à peine.
On n'était pas trop dépaysés.
DING! DONG!
Il ne restait plus qu'à trouver où dormir...

Ben ouais, entrez.
Mélanie, lumineuse.
Venez prendre un thé !
HIHI
On avait trouvé notre hébergement !
RKKKKR RRRRR R
Sauf qu'à minuit...
Les gars, c'était trop bien. J'ai adoré cette soirée !
Nous aussi.
On était à peine moins fringants.
Juste un peu plus fatigués...
Là, va falloir y aller, man.
Mmmm...
PLIC
PLIC
PLIC
PLOC
PLIC

Il n'y avait plus de place Rouge, plus d'hélicoptère, plus de palaces.
On était à ce moment précis où il faut assumer ses conneries...
Tout le monde connaît.
HA HA HA HA HA HA
4 heures du matin. Stéphane rentre de l'usine.
Les gars, c'est chouette votre histoire,
Mais là je vais aller dormir.
Stéphane nous a quand même accueillis chez lui.
On s'est raconté nos vies.

On a dormi sur un canapé,
à 6 km de notre point de départ.
Maman?
Tout va bien. Je te raconterai...
On arrive.
On était heureux comme des mômes.
Tout avait un air différent.
24 heures à peine que nous étions partis.
On revenait ivres de joie, comme après un grand voyage.
C'était le pays de mon enfance. Et je ne l'avais jamais vu comme ça.
Il s'était passé quoi ?

BZZZZZ
Rien.
Tout.
J'avais traversé le miroir de l'enfance.
J'avais vécu une aventure avec mon ami.
AH AH AH AH
CLAC !
La vie.

making Of

Comme un parfum d'enfance

Nans et Mouts partent pour une courte balade dans la douceur d'un soir d'été… Et décident de ne pas rentrer. L'émission *Nus & Culottés* n'existe pas encore. Mais sûr que l'idée est en germe dans cette mini-aventure au pied levé.

Texte : Philippe Raymond

C'était une soirée entre chien et loup. Souvent, dans nos voyages, il se passe des choses magiques dans ces moments-là. Tout devient possible ! » Le coucher du soleil ? « Un espace d'entre-deux ; on quitte la journée, poursuit Nans, on n'est pas encore dans la nuit. Pour moi, c'est là que les idées saugrenues débarquent ! » (*Il rit.*)

« On dit "oui" à tout ! »

L'air d'été est doux. Les potes se sentent au chaud dans leur amitié. L'un comme l'autre, ils rentrent de lointains voyages. Les retrouvailles célèbrent le lien amical, comme un « sentiment d'invulnérabilité ». « Chacun de son côté, on venait de traverser le continent américain, raconte Mouts. Ce soir-là, on était arrivés au bout de notre petite balade, il était temps de faire demi-tour : il y avait ce mur invisible devant nous. On a eu envie de le franchir. »
Pourquoi rentrer ? L'aventure, ça peut aussi se vivre ici, et maintenant ! Les potes se laissent cueillir par l'idée : « Marcher droit devant nous, jusqu'au matin, se rappelle Nans. Chiche ! On avance. On fait du stop. On dit "oui" à tout ! » Qu'est-ce qui va surgir ? « On a eu mille fantasmes, reprend Mouts. Un hélico, une limousine noire, Moscou, Marrakech, les palaces... Les horizons s'ouvraient à l'infini. »

« Où sera-t-on demain ? »

L'aventure ne part pas sur les chapeaux de roues. Et pour cause : des roues, dans ce coin de Haute-Marne, on n'en croise pas tant que ça, la nuit. Mais qu'importe. Devant eux, la route se dévide à l'infini, jusqu'au ciel rutilant d'étoiles. Nul téléphone en poche, pas d'argent non plus. Juste l'appel du vide. « Tous les possibles étaient ouverts ! Où sera-t-on demain ? » Pas bien loin. Douze heures plus tard et six kilomètres plus loin, les deux potes touchent au bout de l'aventure. Avec une impression incroyable : celle d'avoir vécu un immense voyage. Sans qu'aucun fantasme ne se réalise... « On était tellement heureux. On avait traversé le miroir des apparences. » Pas besoin d'aller à l'autre bout du monde : la beauté était partout. Elle s'avérait tissée de choses minuscules : une tasse de café quand il fait froid. Un coin de canapé. Un sourire. Qu'y avait-il dans l'air ce soir-là ? Quelque chose d'un peu sauvage, peut-être ; qu'on passe sa vie à oublier, mais qui tente parfois d'affleurer. Pas besoin de se mettre tout nu ! Ou juste les pieds : pour mieux sentir la douceur ou la rudesse du chemin. Un sésame pour boire l'or des étoiles. Comme un parfum d'enfance.

TOA-HEFTIBA / UNSPLASH

Bifurquer vers où ?

Bifurquer. Virer de bord. Changer de cap, ou de voie. Pour aller vers soi ? Par d'autres sentiers peut-être. Ou marcher sur des traces nouvelles, à inventer à chaque pas. Engendrer de nouveaux horizons : quitte à faire le deuil de ceux qui émergeaient. Voyageur, creuses-tu toujours le même chemin, quand le paysage change ? Que dire de nos trajectoires ? Et si on s'écoutait, pour commencer ? C'est ce qu'on est partis faire.

“On a juste dit oui à tout”

Ils tenaient un magasin d’électroménager dans le nord de la France. Trois décennies et un tour du monde à la voile plus tard, **Rémi et Sophie** sont paysans dans l’Aveyron. Un parcours de vie placé sous l’aile des vents favorables ; où rien n’a jamais été décidé à l’avance…

Propos recueillis par Philippe Raymond

Leurs voisins les appellent les « naviculteurs ». Ils ont sillonné les mers du monde avec leurs enfants, de l’Afrique au Brésil, des Antilles à la Malaisie. Et vécu de nombreuses vies avant d’être paysans : commerçants, constructeurs de catamarans, chercheurs d’or en Australie…

Sophie : On n’a jamais décidé de sillonner le monde en voilier ! C’est arrivé comme ça. Au départ, un gars vient nous proposer de racheter le magasin. Il nous dit : « Votre prix sera le mien. » Du coup, on lui indique un gros prix ! (*rires*). On pensait qu’il allait dire non. Il a dit oui. On était censés revenir deux ans plus tard…
On avait acheté un petit bateau, pour faire de l’escalade dans les calanques. À Marseille, on rencontre des gens qui voyageaient en voilier.

PHILIPPE RAYMOND

"Ça a toujours été : rien n'est sûr, mais rien n'est impossible"
Sophie

Rémi, Sophie et les enfants dans leurs périples en voilier autour du monde. « Ils trouvent qu'ils ont eu une enfance super », dit Sophie.

"Traverser mes peurs : c'est ça qui m'a transformé" Rémi

Le déclic ! On s'est dit : il y a des vies plus sympas que les nôtres… On a acheté un plus gros monocoque, en acier, 12 mètres, avec simplement l'idée de vivre dedans : on pensait juste faire des petits tours en Méditerranée. À cette époque-là, on a peut-être failli couler dix fois ! On était complètement débutants. Or c'est dangereux ! C'est une mer capricieuse. On nous a conseillé de partir pour l'Atlantique. On l'a fait..

Rémi : Je réalise maintenant à quel point on était inconscients. Partir avec deux jeunes enfants à bord, 7 et 8 ans… S'ils faisaient ça aujourd'hui dans les mêmes conditions, je leur dirais : vous êtes fous ! Le bateau n'était pas bon, les marins non plus (*rires*). Si le bon Dieu avait voulu nous attraper, il n'y avait pas grand-chose à faire… Chaque fois qu'on prend la mer, c'est un saut dans le vide. Il n'y a pas de retour possible. Tu ne peux pas dire : si ça ne va pas, je reviens demain. Le vent t'en empêche. Et, au large, j'ai expérimenté quelque chose de nouveau : être dans l'instant. C'était une forme de liberté totale… C'est comme si j'étais conscient de tout : de chaque bruit, de chaque élément. Le ciel, les nuages, l'état de la mer, les bruits du moteur, de la voile. Même quand je dormais !

Sophie : Je vivais la même chose. Le fait d'être dans une insécurité totale te rend plus attentif. Il faut être vigilant en permanence. Sur le bateau, j'ai joué tous les rôles : maîtresse d'école, boulangère, médecin… Il faut penser à tout. Tant de choses peuvent manquer quand tu es trois semaines au milieu de rien, avec des enfants à charge ! Tout ça te rend plus vivant.

Rémi : Chaque fois que je levais l'ancre, c'était comme lâcher prise. Je renouais avec une liberté totale. Je redevenais le Marin, quelqu'un que je ne connaissais pas. Lui avait cette capacité de traverser les océans. Le Terrien ne l'avait pas ! C'était deux êtres différents. Je l'ai compris bien plus tard… Le départ pour l'Atlantique a été terrible ! C'était en 1999. Devant moi, il y avait un mur. On était au Sénégal. Je n'ai pas dormi de la nuit, tant j'avais peur. Je me demandais si j'avais le droit de faire vivre ça à ma famille. Je crois que tous les navigateurs vivent ces moments-là. À cause de ça, certains ne tentent jamais la grande traversée. Mais rien n'aurait pu m'en empêcher. Il fallait que je le fasse.
Je ne sais plus où j'ai lu cette phrase : « Si tu ne sais pas où aller, va vers tes peurs. » C'est exactement ce que je faisais. Pourquoi ? Je n'en sais rien. Peut-être parce que j'avais besoin de me sentir libre. Traverser mes peurs : c'est ça qui m'a transformé.

Sophie : On a fini par venir vivre ici. À cette époque-là, il y avait pas mal de pirates en mer. Et les cyclones devenaient de plus en plus puissants… De fil en aiguille, on a acheté la ferme. On s'est installés. On est quand même plus tranquille dans une maison que sur un bateau… Un nouveau changement de vie. Cette fois encore, on n'a pas eu l'impression de décider vraiment ! On se disait : pourquoi pas ? Dans notre vie, tout s'est présenté en douceur. On a juste dit oui à tout ; à des opportunités qui nous enthousiasmaient. Ça a toujours été : rien n'est sûr, mais rien n'est impossible. Aujourd'hui encore !

Rémi : En mer, j'ai vécu de longues méditations. J'ai expérimenté une forme de pleine conscience. À un moment donné, ça a porté ses fruits. D'abord, j'ai connu des moments de joie intense sur le bateau. Je m'ouvrais. Des moments d'extase, de plénitude, de joie. J'avais le sentiment d'être la Vie elle-même… Et puis ça s'est aussi produit à terre. Par instants, je me suis mis à aimer tout et tout le monde… C'était comme si le décor disparaissait. Comme si on voyait à travers. J'ai découvert ça : tout ce qu'on voit, on le crée, à l'instant même où on le voit. Bien plus tard, en lisant Eckhart Tolle*, j'ai fini par comprendre ce qui m'était arrivé. Aujourd'hui, je n'ai plus de bateau, je vis dans une ferme et je cultive ça. Je crois que j'avais besoin de me mesurer au monde. D'aller au bout de mes peurs. De partir le plus loin possible pour réaliser que le bonheur avait toujours été là : en moi. Je n'aurais jamais compris ça sans l'océan.

* *Eckhart Tolle,* Le Pouvoir du moment présent.

« Je me suis reconnecté à la vie »

Comment changer de voie quand on est dans celle de l'alcool ? **Stéphane** témoigne du chemin parcouru. Il aura fallu tout remettre en question, se réinventer ; poser sur le monde un regard nouveau. « Pas une balade », dit-il…

Propos recueillis par Philippe Raymond

« Je crois que j'étais en survie, plutôt qu'en vie. Je passais à côté de mes proches. À côté de ma vie. Je n'étais pas libre, même si je le paraissais… J'étais libre, mais de faire n'importe quoi ! L'alcool est un symptôme ; le vrai problème, c'est la fragilité de son être. Pour sortir de l'impasse, il faut faire le deuil de celui qu'on a été. Le deuil de ses façons d'aborder le monde et les autres. Pas une balade ! C'est comme escalader une falaise… Je me suis rapproché de ceux qui portaient un peu d'espoir, de lumière. Il y a eu autour de moi des êtres qui ont cru en moi, qui m'ont offert un espace sécurisant. Séverine, la mère de mes enfants, Sonia, ma compagne actuelle, des amis. J'ai fait trois cures au CALME, un centre d'addictologie. Des cures de cinq semaines, avec des thérapies de groupe, un psy qui te ramène sans cesse à cette question : pourquoi as-tu besoin d'autre chose que de toi-même pour affronter la vie ? La cure permet de t'extraire du quotidien. De faire un tri dans tes idées, dans tes relations, dans tes priorités. C'est vital ! J'éprouvais l'alcool comme une ressource. Comme une respiration. Quelque chose qui me permettait d'être. Aujourd'hui, ma ressource, c'est me retrouver, moi : sans les fantasmes de toute-puissance, sans les projections. Vivre pleinement l'émotion de l'instant. L'amour, par exemple… quelle chance!

Chacun son sommet à gravir

Je me suis reconnecté à la vie. Chacun a en lui un espace intérieur où la contacter, la vie infinie, mystérieuse, une source de joie intarissable ! Quelque chose qui vient de la petite enfance… Pour faire ce chemin, je crois qu'il faut passer par l'étape de la culpabilité. Accéder à une forme de culpabilité saine. Mes cures, je les ai vécues comme un prix à payer : elles m'ont aidé à toucher la réalité du doigt. Aujourd'hui, je suis en troisième année d'études pour devenir psychothérapeute. Je n'ai pas bu d'alcool depuis quatre ans. Le travail de deuil continue : je suis

« J'étais libre, mais de faire n'importe quoi ! »

toujours en chemin. En quête de liberté. De navigation fluide, comme disent les marins…
Avec ma compagne, je m'occupe d'une petite famille recomposée, quatre ados. Pas simple tous les jours ! Mais mon parcours m'aide à gérer la complexité humaine. À être présent de manière bienveillante. Je sais mettre des limites (je suis perçu comme celui qui coupe Internet !), mais je me remets aussi en question. Les enfants le savent. Avoir été faible, s'être battu contre soi, avoir gravi la falaise, ça offre une forme de légitimité. Et la possibilité d'expliquer que tous les chemins ne mènent pas au même endroit. » ♥

EDITH ROLLAND

“J’ai tout quitté pour faire un château dans les bois”

Il était soudeur dans le nucléaire ; il est devenu forgeron-taillandier sur le chantier de Guédelon, ce projet qui consiste à faire sortir de terre un château médiéval. Un saut de huit siècles pour **Philippe**, mais pas forcément en arrière : il a retrouvé du temps pour vivre, et la joie qui va avec.

Propos recueillis par Philippe Raymond

DENIS GLIKSMAN

Au cœur de la Bourgogne, une quarantaine d'œuvriers construisent un château fort selon les techniques et les matériaux utilisés au Moyen Âge.

« Quand tu travailles en zone radioactive, c'est particulier ! Tu te mets en caleçon, tu enfiles une tenue spéciale ; ta journée, tu la passes dans des tunnels en béton, sans la moindre fenêtre, avec un petit compteur sur la poitrine pour évaluer le taux de radiation que tu absorbes… À la fin, on devait bosser sur un nouveau chantier : refaire la charpente métallique dans les égouts de la centrale. L'air est contaminé, tu dois bosser en tenue gonflable, comme un scaphandre en plastique. Tu respires par un tuyau. Si la combinaison se déchire, tu finis à l'hôpital. Là, j'ai dit non. Il y avait des limites à ce que je pouvais accepter.

Ma femme travaillait à Guédelon. On a été invités à la soirée de fin d'année du personnel. Gros, gros coup de cœur ! Les gens que j'ai rencontrés avaient des étoiles dans les yeux. Que des passionnés ! La vannière, le potier, les tailleurs de pierre… Je connaissais le milieu industriel, mais les artisans – les gens qui bossent de leurs mains –, je n'en avais jamais rencontré. Pas le même univers ! (*Rires*). Rien à voir.

Le forgeron de Guédelon s'en allait. J'ai sauté sur l'occasion. Ça va faire onze ans cette année… Comme j'avais démissionné, je n'avais pas droit au chômage. L'ancien forgeron a accepté de me former. Pendant quatre mois, je n'ai pas touché de salaire. Forcément, ça a été complique financièrement. Mais je changeais de vie. J'apprenais un nouveau métier. Tout plaquer pour passer à autre chose : ça, c'était pas mal… La forge, c'est extraordinaire. Tu prends des bouts de métal qui ne ressemblent à rien, et tu transformes ça en couteaux, en haches, en ferronnerie pour le château.

Un vrai château… magique

Je suis de la région, mais je n'étais jamais allé à Guédelon. J'imaginais un parc d'attractions. J'ai découvert un vrai château. Le site est magique ! Aujourd'hui, c'est mon lieu de travail. Avoir la possibilité de participer à ça, j'ai trouvé ça énorme. Comme un projet de vie. J'aurais contribué à la construction d'un château fort ! Tu sens immédiatement une ambiance incroyable entre les ▶

GUÉDELON

ouvriers. On va tous boire une bière le vendredi, tous corps de métier confondus. Cet esprit communautaire, je crois que je ne le retrouverai nulle part ! Ici, la différence, c'est que chacun aime ce qu'il fait. On est tous spécialisés, et en même temps très liés autour d'un projet commun. Tout le monde bosse pour tout le monde, en harmonie. Je fais des outils pour la vannière, qui crée des paniers pour porter la gâchée des maçons… Tu as besoin d'un outil, tu viens me voir : « Fifi, tu peux me faire ça ? » On se pose cinq minutes. On réfléchit, on fait un dessin…
Dans toutes les boîtes où j'ai travaillé, c'était la logique du rendement. Le monde est fait comme ça, aujourd'hui. Mais à Guédelon, on est complètement hors du temps. Que je mette une journée ou trois à faire quelque chose, c'est pareil. Le plus important, c'est que ça soit bien fait. Bien sûr, le chantier doit avancer. Mais notre mission, ça consiste aussi à se rendre disponible pour les visiteurs. À partager notre savoir-faire. Je passe de super moments avec les gens. Il y a des passionnés qui restent toute l'après-midi devant la forge !

Un labo du XIIIe siècle

Aujourd'hui, sur mon poste de travail, je vis en plein Moyen Âge. On est à la fois dans un labo scientifique et dans une machine à remonter le temps. Pour réaliser une réduction de minerai, il n'existe aucun écrit. Personne pour t'expliquer comment on fabriquait du métal au XIIIe siècle ! On expérimente. On redécouvre. Je me retrouve avec mon petit panier, à chercher des cailloux dans les bois… On les pile, on les met dans le four (qu'on a construit sans modèle). En octobre 2024, devant 300 visiteurs et tous les collègues réunis, on a sorti du four une énorme boule de minerai en fusion. Pour la première fois, on avait fait de l'acier à Guédelon. Un moment magique ! Tout a été documenté. Notre méthode a été suivie de près par les scientifiques, un échantillon envoyé en

Maçons travaillant sur la fenêtre gothique de la chapelle.

laboratoire. Passionnant ! Je crois que pas mal de gens seraient prêts à payer pour faire ce que je fais…
Aujourd'hui, j'ai un peu l'impression de vivre au paradis. Je suis pressé de reprendre le boulot !* J'ai un job assuré huit mois par an. La fermeture me laisse du temps pour faire ce que je veux : l'hiver, je suis artisan coutelier à mon compte. J'ai ma maison au milieu des bois, avec ma forge. Ce que j'adore, c'est quand on se lève le matin ; avec ma femme et ma fille, on déjeune ensemble… Je n'avais jamais connu ça ! Avant, on n'avait pas les mêmes horaires. Je pouvais partir sur un chantier pendant un mois… Dans mon métier, le nucléaire c'est ce qui paie le plus. Tu fais des salaires monstrueux. Super, mais tu n'es jamais chez toi. Je voulais toujours plus : plus d'argent, plus de responsabilités. J'étais tombé fou. Le milieu industriel m'avait formaté… J'ai tout quitté pour faire un château dans les bois. Là, ton entourage se demande si tu ne deviens pas cinglé (*rires*). Aujourd'hui, j'ai une autre vie. Mais j'ai conscience que c'est exceptionnel. Guédelon, c'est un truc à part, quand même. »

**Interview réalisée lors la trêve hivernale de quatre mois du chantier.*

POUR ALLER PLUS LOIN

En moyenne, quelque 300 000 visiteurs viennent assiéger les murailles de Guédelon chaque année. Initié en 1997, le chantier permet de lever le voile sur les secrets des « œuvriers » et bâtisseurs de châteaux forts au XIIIe siècle : carriers, tailleurs de pierre, maçons, charpentiers, forgerons, tuiliers, menuisiers, cordiers, charretières, charrons, peintres, herboristes….
guedelon.fr

GUÉDELON (X3)

"SUR MON POSTE DE TRAVAIL, JE VIS EN PLEIN MOYEN ÂGE"

LA DOUBLE VIE DU CHAT

Lions et tigres se domptent, se dressent ; il est le seul félin à consentir à la domestication. Le prédateur miniature aurait donc changé radicalement de voie... Mais jusqu'où cet animal familier est-il domesticable ?

Texte : Pascal Bastien

Illustration : Paykhan

L'histoire commune des chats et des humains débute il y a dix mille ans environ au Moyen-Orient dans le Croissant fertile. Les chasseurs-cueilleurs se transforment en agriculteurs, en éleveurs, et troquent le nomadisme pour la vie sédentaire. Désormais stockée, la nourriture attire les rongeurs. Simultanément, des félins de petite taille commencent à s'installer dans les villages qu'ils débarrassent de ces nuisibles. C'est ainsi que le chat – *catus felis* – va trouver sa place auprès des humains. Et que, progressivement, il perdra le pelage exclusivement tigré de son ancêtre sauvage *catus sylvestris*, qui lui permettait de se fondre dans le paysage et de se protéger de ses ennemis, pour se doter de couleurs variées.

Mi-dieu mi-diable

Entre 2030 et 1600 avant J.-C. en Égypte, il change radicalement de statut. De simple travailleur éliminateur de rats, il se métamorphose en divinité, qu'il est interdit de tuer ou même d'exporter hors du pays. Il va pourtant conquérir le monde, hôte des bateaux qui quittent les ports chargés de blé. Il est alors diversement apprécié des humains. Symbole de chance en Asie, il est souvent perçu comme un allié du diable, tant il exprime de volupté, de sensualité coupable… Raison pour laquelle l'Europe médiévale décide de l'exterminer. Bien mal lui en prend : il en résulte la Peste noire, venue d'Asie par l'intermédiaire des puces des rongeurs.

Un amour de prédateur

À la fin du XIXe siècle, le chemin de vie du chat bifurque à nouveau. La félinophilie et l'élevage du chat de race le transforment en objet de prestige qu'on expose en raison de sa beauté. Deux siècles plus tard, les humains lui demandent surtout d'être un ami, voire un substitut affectif : il tient parfois le rôle de l'enfant dans un foyer. De récentes études prouvent d'ailleurs qu'il s'attache à ses humains d'adoption, sur le même modèle que le bébé à ses parents. Régulièrement, la presse se fait l'écho de belles histoires où un petit félin égaré ou abandonné sur le chemin des vacances a parcouru des centaines de kilomètres pour retrouver sa maison. Pourtant, en dépit des preuves de l'amour qu'il peut porter à ses humains, il reste un prédateur. Selon une étude américaine publiée par la revue *Nature* en janvier 2013, les chats tueraient chaque année entre 1,4 et 3,7 millions d'oiseaux et 6,9 à 20,7 millions de petits mammifères aux États-Unis. Raison pour laquelle, en plusieurs points du globe et notamment en Australie, ils sont assimilés à des nuisibles et exterminés en raison du danger qu'ils constituent pour la biodiversité.

Insoumis *for ever*

Le chat est incapable d'abandonner son activité vitale de chasseur. Hôte d'un appartement urbain, il doit avoir la possibilité de la mimer en jouant au moins cinq heures par jour, sous peine de dépression ! Votre chat demande à sortir pour rentrer aussitôt ? Il miaule devant la porte trois minutes plus tard ? N'y voyez pas un caprice, mais plutôt un indice révélateur de la double vie de votre colocataire à fourrure, à la fois compagnon et petit fauve. Dans la pensée féline, toute porte close est une atteinte à la nécessité de circuler librement et de surveiller l'environnement ! Survivance d'un instinct de chasse qui suggère que, plutôt que de domestication, il faudrait parler d'apprivoisement. On ne dresse pas un chat ! Il s'est habitué à la présence de l'homme et l'accepte, mais sans se soumettre. À la différence du chien, il n'abandonne jamais complètement son comportement sauvage. En témoignent ses spectaculaires crises de colère susceptibles de durer jusqu'à huit heures, qui peuvent exiger l'intervention des pompiers et celle d'un vétérinaire. En pareille situation, tel un tigre ou un lion, il attaque tout individu à portée de ses griffes et de ses dents. La meilleure façon, peut-être, de nous rappeler qu'il ne sera jamais notre domestique.

“En bifurquant, on rectifie un parcours qui n’était pas le nôtre”

Psychiatre toulousain, **Laurent Schmitt** a rencontré et aidé de nombreux « bifurqueurs », à qui il a consacré plusieurs ouvrages. Certains ont changé de vie pour mieux s'épanouir, d'autres pour mettre fin à une souffrance. Il nous livre son expérience de ces destins redressés.

Propos recueillis par Emmanuel Monnier

Pour quelles raisons décide-t-on un jour de changer de vie ?

Elles sont multiples, mais j'en relève quatre principales. La première, c'est l'accident de vie – un divorce, une maladie grave, un licenciement – qui amène la personne à faire un point d'étape, à réaliser que la vie est courte et qu'elle voudrait vivre autrement les années qui lui restent. La deuxième, ce sont les contraintes que j'appellerais « existentielles ». C'est l'opposant politique qui part en exil parce qu'il estime qu'il n'a plus le choix. C'était aussi les personnels hospitaliers qui, pendant la pandémie de Covid, ont décidé d'arrêter parce qu'ils refusaient la vaccination qu'on leur imposait – j'ai eu deux collaboratrices dans ce cas. Une troisième raison est tout simplement l'ennui d'un quotidien sans aspérité, qui n'apporte plus rien. Et j'observe enfin une dernière grande raison, liée à des histoires familiales ou bien à une nostalgie qui incite des gens à revenir vers quelque chose qui a été important pour eux durant leur enfance. J'ai connu une professeure agrégée de mathématiques, qui a tout lâché pour ouvrir une boulangerie ambulante, parce qu'elle avait le souvenir des moments passés à cuisiner avec sa grand-mère quand elle était petite. C'était pour elle plus palpable que les équations.

Il faut ensuite un détonateur, un déclic. Les détonateurs sentimentaux, comme les coups de foudre, sont très fréquents. Les ruptures professionnelles jouent aussi un rôle clé. Dans la littérature historique, il est souvent question de « révélations » : Descartes, au XVIIe siècle, fait une série de rêves qui lui font prendre le chemin de la philosophie. Pascal a une révélation mystique dans « sa nuit de feu ».

Ce déclic peut-il se produire chez tout le monde ?

Il y a des personnalités qui ont besoin d'aventures, de nouvelles sensations, qui recherchent de l'adrénaline et vont être plus enclines au changement. Et il y a les bifurqueurs réfléchis, plus tranquilles, qui à un moment se disent « je ne peux pas continuer comme ça » et qui vont commencer à réfléchir différemment. Dans mon livre [*Les Lapsus du destin*, ndlr], j'évoque l'importance de l'opportunité, représentée par le dieu grec Kairos. Il a des ailes, il va vite, et il a une touffe de cheveux sur le crâne, comme le pompon d'un manège. Si on le reconnaît, c'est-à-dire si on perçoit l'opportunité, on peut donc l'attraper par les cheveux. Mais comme il passe très vite, ce n'est pas si simple. Lorsqu'on perçoit une opportunité et qu'on l'attrape, c'est le déclic qui permet de changer de vie.

À ce moment-là, qu'est ce qui va faire pencher la balance dans un sens ou dans l'autre ?

On a un combat entre la sécurité et la stabilité d'un côté, l'ouverture au changement et à la nouveauté de l'autre. Selon le tempérament de la personne et ▶

Professeur émérite à la faculté de médecine de l'université Paul-Sabatier, **Laurent Schmitt** a été chef du pôle psychiatrie du Centre hospitalier universitaire (CHU) de Toulouse. Il a écrit différents ouvrages aux éditions Odile Jacob : *Le Bal des ego* (2014), sur l'expression d'un nouveau narcissisme, *Le Secret* (2017), sur l'importance et la fonction des non-dits, ou *Les Lapsus du destin* (2023), dédié à toutes les personnes, célèbres ou anonymes, qui ont un jour décidé de changer radicalement de vie.

la nature du déclic, ça basculera ou pas. Des femmes aimeraient quitter leur foyer, mais hésitent à cause des enfants, ne veulent pas perdre une certaine sécurité financière même si elles travaillent. Certaines vont dire « je me lance, parce que ce que je vis est insupportable » quand d'autres auront des niveaux plus grands d'acceptation de la souffrance et ne bougeront pas. Elles auront parfois envie toute leur vie de bifurquer mais ne le feront jamais.

À l'autre extrême, y a-t-il des « serial bifurqueurs » ?

On observe des traits de caractère exacerbés chez les sujets bipolaires par exemple, qui alternent les phases maniaques et dépressives. Ils connaissent des phases d'exaltation, ou d'intuition dont certaines sont brillantes, qui vont les amener régulièrement à changer d'existence. Il y a aussi ce que la psychiatrie appelle la névrose de destinée : des gens qui répètent inlassablement la même difficulté ou le même conflit. C'est par exemple une femme qui se sépare d'un conjoint violent pour se remettre en couple avec un autre compagnon tout aussi violent. Ces personnes reproduisent la même difficulté, une photocopie d'une situation déjà vécue, et ont beaucoup de mal à percevoir pourquoi. Elles répètent souvent des schémas d'attachement identiques.

Comment savoir, dès lors, si l'on bifurque pour les bonnes raisons ou si c'est un leurre ?

C'est là où la psychiatrie peut jouer un rôle, dans l'évaluation des forces, des pulsions, des processus d'attachement, des histoires familiales, des crises en présence. Elle ne pourra jamais dire « faites ceci » ou « ne faites pas cela ». Mais elle peut aider à expliciter la situation dans laquelle se trouve la personne, ce qu'elle rêve d'entreprendre, et l'amener à peser les avantages et les inconvénients d'un changement, parce que le bifurqueur voit parfois juste le rêve. Partir élever des chèvres dans le Larzac, pourquoi pas ? Mais l'élevage impose des contraintes journalières, il faut vendre ses fromages, et on n'est pas le seul à en produire. Il y a un contexte à explorer avant de tout quitter.

Certains se lancent dans leur passion, quand ils prennent conscience qu'elle est vitale dans leur existence. Et c'est bien. À l'inverse, on est parfois face à des gens en détresse, dont on se dit qu'ils prennent cette bifurcation comme la première bouée à portée de main. Là, on a envie de leur dire : réfléchissez encore un peu, analysez le contexte, ce qui vous oriente vers ça, attendez avant de sauter parce que ça va peut-être vous amener vers des choses encore plus compliquées.

Il suffit parfois de s'aménager une existence compensatrice. Des gens créent des associations, font du bénévolat, collectionnent, écrivent, peignent... Ça leur apporte une bouffée d'oxygène sans qu'ils aient besoin de quitter leur travail ou leur famille. C'est là où psychologues et psychiatres peuvent aider à réfléchir, sans chercher à infléchir. On peut aussi prendre conseil auprès de ses amis, de ses proches...

Vous évoquez l'entourage. Quel rôle peut-il jouer ?

Il y a des entourages enthousiastes, des familles entières qui partent faire le tour du monde. Et des entourages plus prudents, parce qu'il y a quand même une prise de risque ! Des couples se séparent, quand le compagnon ou la compagne ne veut pas, ou ne peut pas, suivre le changement de vie, ou parce que le bifurqueur va préférer changer aussi de partenaire.

Chaque famille a des règles explicites et implicites : on doit réussir, faire des études, et ainsi de suite. Quand un membre s'en affranchit, la famille a parfois beaucoup de mal à s'adapter. J'ai eu parmi mes patients quelqu'un qui venait d'une famille où régnait la tradition de faire Polytechnique : le grand-père avait fait Polytechnique, le père avait fait Polytechnique,

À LA CROISÉE DES CHEMINS

Changer de vie ? Il en a été beaucoup question durant la pandémie de Covid, qui a bouleversé nos habitudes. La tendance à s'inscrire dans des vies moins linéaires s'affirme. Certains changent de métier, ouvrent des chambres d'hôtes, d'autres changent de région ou de pays, d'autres encore de religion. Qui sont ces bifurqueurs ? Pourquoi sautent-ils le pas ? Quels obstacles doivent-ils franchir et comment ne pas répéter les erreurs du passé ? Psychologues, sociologues, psychiatres et philosophes croisent leurs expertises pour mieux comprendre ce qui se joue dans ces bifurcations.
***Changer de vie*, Sciences Humaines éditions, février 2025.**

donc le fils devait faire Polytechnique. Sauf qu'il voulait faire de la musique. Ça a créé des tensions et des souffrances familiales fortes. Pour les atténuer, il est important de parler de ses projets, de les expliquer, pour voir comment les uns et les autres réagissent.

Change-t-on de vie pour se réinventer ou pour se retrouver ?

Je crois que, dans beaucoup de bifurcations, les gens cherchent à se réaliser. C'est-à-dire qu'avec un peu de maturité, ils ont pris conscience de qui ils étaient vraiment et de ce qu'ils souhaitaient. Et la bifurcation leur permet d'être enfin eux-mêmes. Car souvent, les choix de métier, de carrière, de partenaire, sont faits quand on est jeune, selon des critères qui ne sont pas forcément les nôtres et qui peuvent être infléchis par le milieu social, par les traditions familiales, par les rencontres faites au lycée, etc. Et quand on a pris un peu plus d'assurance et de réflexion dans la vie, on se rend compte des mille liens invisibles qui nous ont orientés vers ce qui, dans le fond, n'était pas tout à fait ce que l'on souhaitait. On rectifie un parcours qui n'était pas tout à fait le nôtre.

Je pense en particulier qu'on demande aujourd'hui trop tôt aux jeunes, sans exemple, sans modèle, d'affronter la machine de l'orientation scolaire. On leur demande dès la fin du collège quel métier ils veulent faire. Mais pour beaucoup, ça n'a pas de sens. Ils ne connaissent de la réalité d'un métier que ce qu'ils en ont vu dans des séries télévisées ! Je plaide pour un droit à l'incertitude, à l'indécision, jusqu'à ce que l'on ait une forme de connaissance ou de maturité qui permette de choisir quelque chose que l'on a vraiment envie de faire.

Que faire si le changement se passe moins bien qu'escompté ?

L'échec peut être douloureux, avec un risque de dépression, et il peut alors y avoir besoin d'une aide psychothérapeutique. Mais l'échec peut aussi être positif ! Il peut être vu comme une tentative qui vous a aidé à mieux vous connaître. Vous avez tenté, ça n'a pas marché, mais vous avez testé certaines limites. Vous avez réfléchi à ce qui était le mieux pour vous. Et ça, c'est quand même très formateur. Tout ce qui rompt l'immobilisme, les forces régressives de la vie, c'est plutôt bien. Quand on bascule, on peut se prendre un mur, c'est la vie. Mais ce qui compte, c'est de garder sa capacité d'enthousiasme et de réalisation.

« TOUT CE QUI ROMPT L'IMMOBILISME, C'EST PLUTÔT BIEN »

Journaliste de culture scientifique, **Emmanuel Monnier** a travaillé plus de vingt ans pour différents magazines de vulgarisation, avant de fonder en 2020 l'agence coopérative de presse Les Chemineurs, au carrefour des sciences et des humanités, pour croiser les expertises et les regards.

Mogajeguihu
Abel Rodriguez M

ARBRES

Arbres : amis proches, et lointains. Géants vulnérables qui nous fournissent l'air que nous respirons. Qui nous versent à l'oreille leurs histoires inouïes, contes de l'aube des temps, par le truchement des feuilles et du vent. Liens vivants entre ciel et terre ; qu'on aime à serrer sur notre cœur. Qui nous bercent en retour dans leurs bruissements affables et indulgents.

Texte : Philippe Raymond

Fragile et luxuriante forêt amazonienne.
Par l'artiste colombien Mogaje Guihu (Abel Rodriguez), né en 1941.
Terraza Alta II, 2018.
Encre sur papier, 70 x 100 cm.
Collection particulière.

C'est un vestige de l'ère tertiaire. Le dragonnier de Socotra (*Dracaena cinnabari*) est originaire de cette île aride au large de la corne de l'Afrique. Il y peuplait autrefois des forêts entières, il est aujourd'hui en voie de disparition. La photographe américaine Beth Moon, née en 1956, arpente le monde pour témoigner des arbres les plus remarquables ; elle a passé des nuits entières sous ces parapluies naturels.
Beth Moon, *Le cœur du dragon*, 2010.
Encres pigmentées d'archives sur papier coton, 81,3 x 121,9 cm.

L'arbre est vénéré chez les Gonds, une tribu qui vit principalement dans les forêts du Madhya Pradesh (Inde).
Mayank Shyam, *Shubh Milan*, 2022.
Acrylique et encre sur toile, 1,20 x 1,80 m.
Sarmaya Arts Foundation, Mumbai, Inde.

Shota Suzuki (né en 1987), *Heaven and Earth*, 2023. Cuivre, laiton, nickel argent, patine, 20 x 20 x 22 cm. Collection particulière.

Comment les arbres ont inspiré les artistes et les illustrateurs depuis plus de trois mille cinq cents ans : une incroyable galerie d'images réunissant peintures, illustrations, photographies, extraits de films, tapisseries, sculptures, bijoux…
Arbres : Explorer le monde des racines aux cimes, Tony Kirkham, Phaidon, septembre 2024.

L'arbre-monde : le frêne Yggdrasil, vu par l'érudit islandais Finnur Magnússon (1781-1847). Extrait des *Antiquités nordiques : Ou, Récit historique des mœurs, des coutumes, de la religion et des lois [...] des anciens Scandinaves, 1859.*
Livre imprimé, 18 x 12 cm Norman B. Leventhal Map Center, Bibliothèque publique de Boston, Boston, États-Unis.

SLIP EN TERRE

La terre de votre jardin est-elle en bonne santé ? Pour le savoir, il suffit d'y planter un slip, même propre. 100 % coton bien sûr ! Et au printemps, de préférence. Enfouissez à une dizaine de centimètres dans le sol. Deux à trois mois plus tard, déterrez l'objet. Soumettez-le à un examen scrupuleux : est-il très dégradé ? Hosannah ! C'est l'indice d'un sol sain, riche en activité biologique. Votre slip est intact ? Changez de jardin.

Je gratte un peu :
demainlaterre.fr, Opération « Plante ton slip »

Textes : Philippe Raymond

HANNETONS D'ANTAN

Autrefois, la chasse aux hannetons mobilisait tout le monde, jusqu'aux enfants des écoles ! Et pour cause : au printemps, des nuées de ces insectes voraces pouvaient obscurcir le ciel… De hannetons, plus trace aujourd'hui (ou si peu). Où est-il donc passé, le hanneton de mai ? L'envahisseur a disparu de nos campagnes, de nos jardins, et même de nos mémoires. L'« amnésie écologique » nous pend-elle au nez ? Mèfi : pour protéger le vivant, encore faut-il se souvenir.

Je ravive ma mémoire :
jardinsdenoe.org, Le hanneton commun
www.lareleve etlapeste.fr, L'amnésie écologique : un facteur d'inaction face à la destruction du vivant

FREEPIK

AU BOIS D'MON CŒUR

Les Nuits des forêts : 17 jours d'art, de sciences vivantes et de remue-méninges au plus près des arbres. Un festival pour resserrer les liens avec ces vieilles branches qui nous oxygènent : ça se passe en juin et ça pousse un peu partout, donc sûrement pas loin de chez vous. Au programme, de quoi nourrir son écorce sensible : spectacles, installations artistiques, veillées, balades guidées par des forestiers. Et rêvasseries sous d'amicales frondaisons, sylves, humains et écureuils réunis.

J'envisage un rapprochement :
nuitsdesforets.com,
du 6 au 22 juin 2025
(en France métropolitaine, Guyane, Réunion, Martinique et Nouvelle-Calédonie)

FREEPIK - SHUTTERSTOCK

FRAGRANTS DÉLICES

Bonjour, senteurs de sous-bois, charmilles en fleurs, bucoliques madeleines de l'enfance ! Giulio Giorgi nous propose d'attraper le monde par la narine. Sa botanique est sensuelle, elle nous invite à distinguer les plantes par leurs fragrances. Car c'est par là qu'elles nous chopent, les belles : au pif. Un bouquin à lâcher sitôt lu ; pour s'en aller baguenauder l'œil clos et le cœur léger, par les sentiers embaumés.

Je m'inspire :
Giulio Giorgi,
Botanique olfactive - Sentir la nature au fil des saisons,
Nez Éditions, avril 2025

DE L'ASSIETTE À LA BABINE

Manger avec ses mains, comme Louis XIV (et aussi quelque 3,5 milliards de personnes sur Terre) ? Ce serait la voie la plus directe vers une bonne digestion. Les tenants de cette joyeuse pratique (par ailleurs économe en produit vaisselle) mettent aussi en avant la sensualité de la chose, et l'hygiène : un doigt fraîchement lavé est plus propre qu'une fourchette qui végète.

J'attrape l'info au vol :
bioalaune.com, Pourquoi manger avec les doigts est meilleur pour la santé

CHEMIN LISANT

Chemins : précieux héritages des anciens ! Vieux potes sensibles quoique tortueux, où randonner en rang d'oignon… L'ami Bernard Farinelli nous en cause avec tendresse dans un nouvel opus riche et documenté, à bouquiner entre deux excursions. Il y invite à choyer, à entretenir, et surtout à honorer d'un pied joyeux les chemins, ces portes ouvertes sur l'ailleurs.

J'y roule un caillou :
Bernard Farinelli, *Agir pour les chemins. Emprunter, préserver, réhabiliter, animer*, Éditions de Terran, 2024

COT COT DEMAIN

D'où venons-nous, où allons-nous, et qu'est-ce qu'on mange ce soir ? demandait Desproges. Sur le dernier point, la science livre une piste. Comme traces de notre passage sur Terre, les archéologues d'après-demain découvriront surtout ça : des os de poulet. Des montagnes d'os de poulet, entre autres « technofossiles » se stratifiant paisiblement : ultimes témoignages de l'Anthropocène. *Sic transit gloria mundi*, comme dit l'autre.

Je picore :
science-et-vie.com,
La science a tranché
(Source : *Discarded, How Technofossils Will be Our Ultimate Legacy*, février 2025)

LA GEMÖK VOUS VEUT DU BIEN

Et si on mettait nos sous en commun ? C'est l'idée de la Gemök : une « coopérative financière » initialement créée au sein d'une colocation étudiante à Göttingen, à la fin des années 1990. Depuis, le principe a essaimé dans toute l'Allemagne. Des potes (ou des colocs) choisissent de mutualiser leurs ressources, dans un souci de partage équitable : un peu de stabilité grâce à l'entraide… et un rapport différent à l'argent.

Je mutualise l'info :
radiofrance.fr, « Gemök » ou la mise en commun de ressources financières pour s'assurer une stabilité

LB (X2)

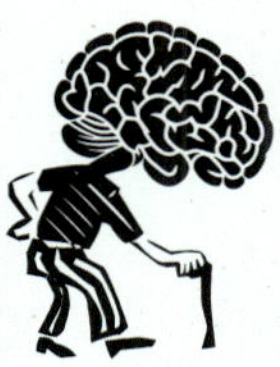

NE LE CROYEZ PAS

Il raconte n'importe quoi ! Notre cerveau part à vau-l'eau, suggèrent les scientifiques ; notamment quand il nous dit que « c'était mieux avant ». Appréhension du changement, tendance à enjoliver nos souvenirs : autant de biais cognitifs qui nous pousseraient dans les bras de la nostalgie. À qui se fier, si notre cerveau nous trompe ? C'est décidé, je l'écoute plus, même quand il me raconte que c'est mieux aujourd'hui.

Je m'informe en doutant :
slate.fr, Votre cerveau vous ment quand il vous dit que c'était mieux avant
(Source : *Americans take a dim view of the nation's future (...), Pew Research Center,* avril 2023)

CACACARRÉ

Le wombat, vous connaissez ? Cette peluche vivante a la particularité (comme tout marsupial digne de ce nom) de transporter ses bébés dans sa poche. Et aussi celle, plus rare, de produire des crottes cubiques ! Une forme qui n'existe quasiment pas dans la nature. Comment font-ils ça ? Jusqu'ici, les scientifiques donnaient leur langue au chat ; ils sont peut-être en voie de résoudre l'énigme. Indice : ce n'est pas pour construire de mini-pyramides.

J'y mets le nez :
nationalgeographic.fr, Pourquoi les excréments de wombat sont-ils cubiques ?

LE POIDS DES LÉGUMES

Pour pas mal de chercheurs, l'alimentation carnée a conditionné l'évolution humaine. Nos ancêtres s'empiffraient-ils de biftecks à qui miam miam ? Une nouvelle découverte vient nourrir la polémique : il y a 3,5 millions d'années, notre arrière-arrière-grand-papi *Australopithecus africanus* était, lui, végétarien ! Il consommait à peu près autant de viande qu'une girafe : c'est l'émail de ses dents qui nous le dit. Conclusion : ce que nous sommes aujourd'hui, nous ne le devons pas qu'à la bidoche.

J'en croque un bout :
science-et-vie.com, Nos ancêtres étaient végétariens !!!
(Source : *Science, Australopithecus at Sterkfontein did not consume substantial mammalian meat,* janvier 2025)

BEN MON COLON

La vie disparaît sur Terre ? Allons voir sur Mars si Elon y est ! Attention, ce n'est pas si simple. Entre autres défis innombrables, comment construire sa maison sur la planete rouge ? Pour le béton, y'aurait bien des matériaux sur place. Mais l'eau ? Pas une goutte. Qu'à cela ne tienne ! Pour lier le mortier, les scientifiques ont la soluce : les futurs colons n'auront qu'à utiliser leur sang, leur sueur ou leurs larmes. Moralité : même si on change de planète, on n'a pas fini d'en baver.

J'étanche ma soif d'apprendre :
www.lesnumeriques.com, Du béton de sang et de sueur pour les premiers colons martiens ! (Source : *Acta Astronautica, Martian buildings: Feasible cement/concrete for onsite sustainable construction,* janvier 2025)

EN SOL MAJEUR

« Paysan-luthier », Jérôme Désigaud fait pousser ses instruments ! Et fait de la zique avec ses cucurbitacées, transformant coloquintes en hautbois, cougourdes en mandolines, façonnant calebasses et autres lagenarias en trompettes, cistres et percussions diverses. La matière première vient de son potager : une production ultralocale, un pied de nez à l'importation de bois exotiques et à la déforestation.

Ça s'arrose :
reporterre.net, Paysan-luthier, il transforme les citrouilles en instruments de musique
J'en réjouis mes esgourdes :
youtube.com, Conférence cougourdonnesque

DANS L'INTÉRÊT DE LA DÉFENSE

Au Colorado, les cinq éléphants du zoo de Cheyenne Mountain ne sont pas près de remettre la trompe en Afrique. Pour les libérer, l'organisation américaine *Nonhuman Rights Project* avait pourtant invoqué l'*habeas corpus*, qui garantit aux personnes de n'être pas emprisonnées sans jugement. Fallait-il encore que les pachydermes relèvent du statut de la personne. La cour suprême du Colorado a tranché : Missy, Kimba, Lucy, Loulou et Jambo restent derrière les grilles.

Je donne libre cours à ma curiosité :
slate.fr, Un éléphant est-il une personne ?

FREEPIK -

C'EST DANS L'AIR

Les classes en plein air ? Ça stimule la concentration et l'imaginaire des enfants, dit Alexandre Ribeaud. Et c'est bon pour la santé ! Sauf qu'on n'a pas forcément la forêt amazonienne en face de son école, note cet enseignant parisien. Alexandre emmène donc ses élèves dans des squares, loin de tout écran, de toute chaise. « Être dehors, c'est un besoin essentiel », dit-il. Pas seulement pour apprendre : pour respirer, aussi.

J'aspire à m'informer :
radiofrance.fr, Alexandre Ribeaud, l'enseignant qui promeut la classe dehors à Paris

VAS-Y MOLLOW !

Comment aller en Grèce (ou au Danemark), sans prendre l'avion ? Alisée et Chiara se sont posé la question. Les deux copines ingénieures ont beaucoup expérimenté le voyage en train, ainsi que le « manque cruel d'outils pratiques » auquel on est confronté quand on souhaite traverser les frontières sur des rails. Lancée il y a deux ans, leur plate-forme propose bons plans, tarifs, idées rando, circuits vélo… pour relier sans kérosène les quatre coins de l'Europe, et au-delà. Le train, sans la galère.

J'embarque :
mollow.eu

COMME UN BONOBO

Ils détectent notre ignorance ; savent que nous ne savons pas… « Ils », ce sont les bonobos, ces singes qui nous ressemblent de si près. À en croire une expérience scientifique récente, le bonobo sait pertinemment quand nous ignorons quelque chose ; et n'en pense pas moins. De quoi lever un coin de voile (et de sourcil) sur une intelligence animale manifestement incomprise. À reproduire à la maison avec son chat ? Envoyez les résultats.

Je sonde mes lacunes :
www.geo.fr, (…) les bonobos seraient capables de déceler l'ignorance des humains (Source : *PNAS*, *Bonobos point more for ignorant than knowledgeable social partners*, décembre 2024)

Dans les Cévennes, sur les pas de Stevenson

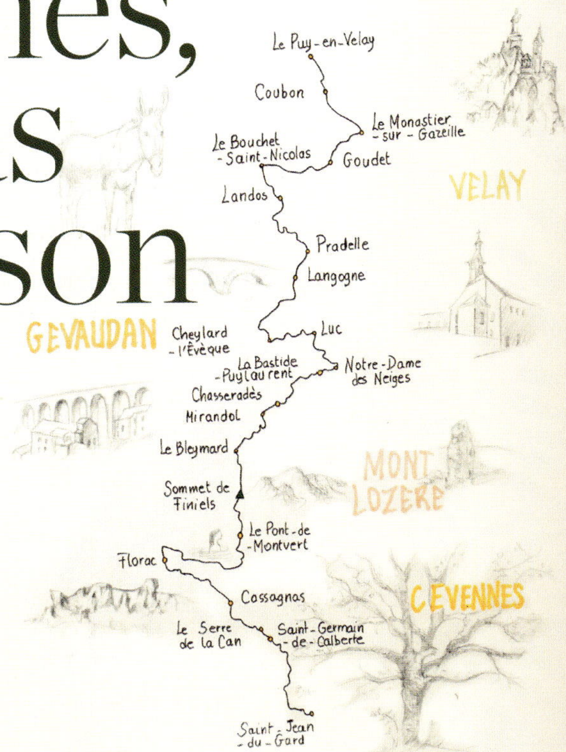

2021 : à la faveur d'un ultime déconfinement, Carcline Didier s'élance sur le chemin de Stevenson. Sans âne ni GPS, avec sa tente et ses pinceaux, cette voyageuse dessinatrice s'est donnée dix jours pour rallier la ville d'Alès, en partant du Puy-en-Velay.

Texte et illustrations : Caroline Didier

D.R.

« L'inspiration me vient de la beauté et de la fragilité qui m'entourent. » Autodidacte, **Caroline Didier** dessine depuis ses plus jeunes années. C'est à l'âge de 4 ans qu'elle commence à traduire ses premières scènes en dessin. « J'ai toujours aimé dessiner le vivant. » Très vite attirée par le voyage, elle part en Asie à l'improviste avec le sac à dos dès qu'elle obtient son bac. « Le mouvement m'a souvent guidée vers l'autre, que ce soit à travers la danse, la marche, le voyage ou le dessin. Un prétexte à de belles rencontres que je partage dans mes récits illustrés ! »
http://caroline-didier.com
Instagram : *@caroline.did*

J'ai besoin de ressentir pour dessiner. Le minéral, le végétal, l'animal, l'humain. Comprendre comment tout cela est relié. En immersion dans la nature, tout s'éclaircit. Dans les Cévennes, j'ai pu observer comment la carline, cette plante des montagnes, prévient les bergers de l'arrivée de la pluie en refermant son capitule. Cela me fascine. Les animaux nous envoient aussi des signaux. Ils sont prévenants. Ils m'ont accompagnée tout au long du voyage. Jusqu'aux merles à Florac, venus chanter le matin sur ma tente pour annoncer la fin de l'orage nocturne. Tous ces portraits sur papier sont pour moi comme des témoins, des messagers. Je les immortalise. Ces rencontres, tout en simplicité, me donnent beaucoup d'élan. Dans la marche, un pas en entraîne fatalement un autre, et ainsi de suite. Il y a une sobriété créatrice. Le dessin me relie à tout cela.

MARCHER, C'EST SE TRANSFORMER
Le corps souffre. Manger, boire, dormir, et dessiner. Avancer en cadence, sans se retourner. Au fil des jours, le rapport au temps se modifie. Les étapes s'allongent, les nerfs se contractent.

« Une fleur des champs pour toute boussole »

ACHARD : IL M'A OUVERT LE CHEMIN...
À 88 ans, Achard travaille encore à la force des bras : « À l'ancienne ! » Il m'a donné de la force pour les 252 km à parcourir. De la moyenne montagne, avec du dénivelé, mais « ce chemin est si beau ! ». Sa joie de vivre est communicative.

LES HAUTS PLATEAUX DU MONT LOZÈRE

Derrière moi, les plateaux basaltiques du Velay et les chemins caillouteux du Gévaudan. Face à moi, l'ascension du mont Lozère ! Et surtout, la promesse d'une nuit passée à son sommet : chambre avec vue splendide, mais matelas granitique… Paysage aride, minéralité, immensité… puis obscurité.

Le sentier est parfois recouvert par les genêts et les fleurs des champs. À cet instant où la nature me submerge, le dessin me rappelle toujours à lui. Les couleurs m'envahissent.

Sur les pentes abruptes, des chaos de granit aux formes étranges. Un terrain de jeu idéal pour les brebis en transhumance. La draille que j'emprunte le lendemain en redescendant serpente en spirale autour de ces masses érodées par les âges.

DANS LA VALLÉE DES GARDONS
Les Cévennes ! Les voici, avec leurs vallées verdoyantes et leurs châtaigniers. J'entends la joie de Stevenson : « Tout contribuait à me donner des ailes. Un peu plus bas commençait un ruisseau, formé des eaux de plusieurs sources, qui courait bientôt avec un bruit joyeux à travers la montagne. »

Au fil de la marche, les souffrances s'atténuent. Le corps s'efface, l'esprit revient à la surface. C'est un autre voyage qui commence. J'y vois plus clair. Des êtres apparaissent. Des objectifs se dessinent.

« Se décentrer des habitudes »

Au village de Finiels, une poule s'invite à mon déjeuner. J'en profite pour tirer son portrait. Tout s'équilibre, tout semble possible. Sentiment de liberté, d'harmonie retrouvée. Ivresse. L'horizon s'agrandit, enfin.

MARCHER AVEC UN ÂNE ?
J'ai abandonné l'idée. Certains le font, mais uniquement sur une portion du parcours. Il faut avoir le temps : c'est l'âne qui décide. Je n'avais que dix jours, pas plus.

Au détour d'un chemin, rencontrer l'amitié d'une vache : toute en curiosité, en affection humide. Effleurer son museau puis reprendre la marche, tel Stevenson, « avec mon vieil espoir jamais lassé de trouver quelque chose de nouveau ». Hop, c'est reparti !

Oser

FREEPIK

Partir le cœur léger

Partir est, pour certains, un acte de courage. Une sorte de lutte contre le monde et son adversité. Pour d'autres – peut-être plus nomades de cœur, ou plus confiants –, c'est une libération. Une respiration. Vous êtes de ceux-ci ? Partir léger est peut-être alors votre affaire, que ce soit pour un tour du monde ou du quartier...

Texte et photos : David Manise

DAVID MANISE

Emma, 3 200 Km avec un simple sac de toile

Le nom de Emma Gatewood ne vous évoque possiblement pas grand-chose. Surnommée « Grandma » Gatewood, cette femme est pourtant une légende. Née en 1887 dans l'Ohio, elle a eu, c'est un euphémisme, une vie difficile. Battue régulièrement par son mari, elle a tenu bon tant qu'elle a pu. Puis, après trente ans, onze enfants et des centaines de raclées, elle a demandé le divorce. Fait rarissime à l'époque, elle l'a obtenu. C'est dire.

Sur le sentier des Appalaches

Une fois libre, « Grandma » a commencé à marcher, puis à dormir de plus en plus souvent dehors. Au début des années 1950, elle tomba sur une copie du *National Geographic*. Un article y parlait d'un sentier immense, parcouru intégralement, alors, par seulement quelques aventuriers. Ce sentier, bien connu aujourd'hui, est le sentier des Appalaches. Il relie, comme une merveille de 3 200 kilomètres, quinze États des États-Unis. Cet itinéraire semblait inaccessible au commun des mortels. Et Emma Gatewood décida qu'elle allait le faire.

« Parce que je le voulais », répondit-elle un jour à la question « Pourquoi est-ce que vous avez fait cela ? ». Et pour le faire, elle l'a fait ! Elle a été la première femme à parcourir tout le sentier en solo et en une seule fois, puis le premier humain à le faire deux fois… et ensuite le premier humain à le faire trois fois !

La première étape, évidemment, a été la préparation. Elle a commencé à marcher autour de chez elle régulièrement jusqu'à pouvoir enchaîner facilement 15 km. Puis – trouvant les équipements de 1955 trop lourds, trop militaires et trop chers pour son maigre budget –, elle s'est cousu elle-même un sac en toile de jeans, a rassemblé quelques objets, et elle est partie.

Son équipement de base ?

Un petit couteau de poche.
Une couverture en laine.
Un rideau de douche en guise d'abri et de vêtement en cas d'averse.
Des saucisses, des noix, des cubes de bouillon, des raisins secs…

Sans carte ni boussole

Emma Gatewood était une femme de 67 ans. Elle mesurait 1,57 m. Elle n'avait aucune expérience particulière. Elle n'avait aucune information précise sur le sentier. Bref, elle est partie sans rien d'autre que son amour pour la nature, et cette sensation de paix qu'elle y trouvait depuis toujours.

« Grandma » s'est perdue de nombreuses fois. Pour ajouter à ses difficultés, elle était très myope et a – évidemment – cassé ses lunettes plusieurs fois pendant le trajet. Elle ne savait pas non plus nager, si bien que les traversées de rivières étaient souvent faites au péril de sa vie. Mais elle refusa d'abandonner.

Les refuges promis par l'article du *National*

D.R.

Geographic étant plus rares que prévus, elle squatta souvent des granges ou les vérandas d'étrangers coopératifs. Sinon, un tas de feuilles, sa couverture et son rideau de douche lui suffisaient. Parfois, des gens l'accueillaient et lui offraient le gîte et le couvert ; parfois, elle cueillait des plantes comestibles. Rarement, elle traversait une ville ou un village et s'achetait de quoi manger.

Évidemment, le bruit commença vite à se répandre qu'une femme seule était en train de faire le sentier des Appalaches. Les médias, à chaque étape de son parcours, cherchaient à l'interviewer. Et ainsi, de fil en aiguille, elle est devenue la légende qui a inspiré des générations.

La première fois que j'ai entendu parler d'Emma Gatewood, j'étais encore au Québec. Je devais avoir 10 ou 11 ans, et je passais tout mon temps dehors. Je me souviens avoir vu une photo d'elle dans un livre, à la bibliothèque. Et je me souviens surtout de la liste de matériel. Le rideau de douche m'avait marqué.

C'est très probablement cette femme qui m'a fait comprendre cette chose si chère à mon cœur, encore aujourd'hui : on peut faire beaucoup de choses avec peu. On peut faire plus avec moins. On n'a pas besoin de certitudes pour commencer le chemin... et je me souviens que, grâce à son exemple, je me suis retrouvé à dormir souvent dehors avec un vieux poncho de l'armée US en guise de rideau de douche. On a besoin de peu de choses pour partir. Et on n'a besoin de rien pour aimer.

David Manise a grandi au Québec, en contact étroit avec la nature. Après des études d'anthropologie et de journalisme, il vit en France où il transmet depuis plus de vingt ans son amour pour la Pachamama et pour la liberté par l'entremise de stages d'autonomie. Auteur de nombreux ouvrages sur le sujet, fondateur du CEETS (centre d'études et d'enseignement des techniques de survie) David est un des experts francophones les plus reconnus de son domaine. ***ceets.org***

Conseils pour s'alléger

Dans le monde de la marche ultra-légère, on dit qu'on « porte ses peurs ». Traduction : des bagages lourds signifient qu'on a peur de manquer de quelque chose ! Bien qu'il soit utile de garder toujours du matériel avec soi pour gérer les risques, on peut facilement alléger son sac en utilisant la méthode suivante :

1. Ce qui n'est pas indispensable est superflu : étalez votre matériel devant vous et enlevez ce qui n'est pas réellement utile.

2. Pour chaque objet qui reste, voyez si vous pouvez opter pour des solutions multifonction. Par exemple, Grandma Gatewood utilisait un rideau de douche à la fois comme abri et comme vêtement de pluie.

3. Pour chaque objet qui reste encore, cherchez une version plus légère et plus compacte (tout en préservant fonctionnalité et solidité) : un sac de couchage en duvet, par exemple, prendra moins de place et pèsera bien moins lourd que son équivalent en synthétique. En guise d'abri, troquez la tente de 3 kilos pour le tarp en silnylon de 400 grammes...

4. Une fois votre nouveau matériel adopté, en général vous pourrez changer de sac à dos et passer du gros sac à un 40 litres beaucoup plus léger.

Enivrante reine des prés

L'été, c'est SA saison ! Ouvrez l'œil pour la dénicher autour de vous et apprenez à la cuisiner. Ou prenez le temps, tout simplement, de respirer l'odeur de ses fleurs, envoûtante et sucrée.

Texte : Aymeric de Kerimel

BRIDGEMAN

Dans la famille des Rosacées, aux côtés du pommier ou du fraisier, trône la reine des prés. Elle est facile à reconnaître grâce à son inflorescence aérée composée d'un bouquet de petites fleurs présentant cinq pétales blanc crème. Elles s'épanouissent de juin à août au bout d'une tige mesurant environ 1 m de haut, parfois jusqu'à 2 m.

Reine des fossés

Le long des fossés, là où l'eau a bien stagné en hiver, ses inflorescences, parfois accompagnées de quelques roseaux, dépassent souvent le reste de la végétation. Mais la reine des prés n'est pas seulement la reine des fossés. Elle se déploie dans les prés humides, où elle forme souvent de grandes colonies appréciées des abeilles. Plus fréquente vers le nord, son attirance pour l'eau la rend plus rare sur le pourtour méditerranéen. Avec un peu d'exercice, vous la reconnaîtrez aussi hors période de floraison, grâce à ses feuilles assez longues, nettement dentées sur le bord et composées de plusieurs parties, les folioles. Mais revenons sur les fleurs de notre reine, ce sont elles qui la distinguent entre toutes, grâce à cette merveilleuse offrande : son parfum. Une fragrance unique, mélangeant amande, miel, vanille et litchi... De quoi émoustiller les papilles !

Fleurs, feuilles, racines : le choix du roi

Pour la cueillette, ce sont surtout ses fleurs qui sont prisées. Leur récolte est idéale entre juin et juillet, avant qu'elles ne commencent à faner. Veillez à ne pas trop en prélever : laissez par exemple des fleurs sur chaque pied ; la cueillette ne doit pas être trop visible après votre passage. Les pollinisateurs, dont les abeilles et bien d'autres insectes, pourront ainsi en profiter. Vous pouvez aussi utiliser ses fleurs, fraîches ou sèches, en cuisine ou pour leurs propriétés médicinales. Elles sèchent assez facilement lorsqu'on les étale bien, tout en parfumant agréablement la pièce. Une fois bien sèches, répartissez-les dans des récipients bien fermés, sans risque d'arrivée d'air, sous peine de perdre rapidement leur parfum volatil. Les feuilles et les racines sont aussi utilisables pour qui en connaît les usages. Les racines peuvent être cueillies toute l'année, même si certains choisissent le début d'automne. Préférez-les fraîches pour les mettre dans votre assiette, ou séchées pour réaliser une teinture brune pour les tissus. Quant aux feuilles, elles se récoltent surtout de mars à avril, lorsqu'elles sont tendres. Les racines comme les feuilles ont une odeur moins forte et moins sucrée que les fleurs.

Herbe aux abeilles et barbe de chèvre

Autrefois, et aujourd'hui encore dans certaines régions, on désignait la reine des prés par le nom d'herbe aux abeilles : ses fleurs attirent en effet les abeilles domestiques qui en font leur miel. On lui donnait aussi le nom de barbe de chèvre, parce que son inflorescence évoque la barbichette de cet animal.

Un lait de fleurs

Que faire de votre récolte ? Quand je respire l'odeur que dégagent mes petits pots de fleurs séchées de reine des prés, j'ai aussitôt l'envie d'en aromatiser des biscuits sablés, un délicieux crumble aux pommes, ou simplement une tisane à la saveur délicate. Cette plante convient aussi parfaitement aux crèmes desserts, flans et glaces : vous pouvez, par exemple, infuser les fleurs dans du lait pour parfumer une crème anglaise, à la place de la vanille.
Les anciens utilisaient la reine des prés pour aromatiser vins, bières, hydromels, cidres... Elle peut aussi égayer des jus de fruits. Ses feuilles et ses racines (ces dernières sont assez fibreuses) sont plutôt ajoutées lors de la cuisson des soupes pour relever le goût des autres ingrédients.
Ses jeunes feuilles tendres peuvent être consommées en salade ou en infusion.

L'aspirine végétale

La reine des prés a aussi des usages médicinaux. La pharmacie moderne s'est d'ailleurs inspirée de son ancien nom – spirée – pour baptiser l'aspirine, en référence aux molécules qui composent la plante, proches de celles du médicament.
Aujourd'hui, se référant à un usage traditionnel séculaire, l'Agence européenne des médicaments reconnaît à ses fleurs comme à ses feuilles des vertus médicinales, antalgiques et anti-inflammatoires.
Les propriétés des feuilles séchées sont identiques à celles des fleurs séchées : elles sont indiquées en infusion contre les rhumes et les petites douleurs articulaires (10 minutes à couvert).
Comme toutes les plantes médicinales, la reine des prés présente des contre-indications. Notamment pour les personnes allergiques à l'aspirine, ou en cas de prise de médicaments anti-inflammatoires ou anticoagulant.

Aymeric est botaniste, mycologue et écologue. Il anime depuis une dizaine d'années des sorties de terrain et des formations, notamment pour le Chemin de la Nature, qui propose des balades en région parisienne et des formations en ligne pour connaître les plantes sauvages comestibles et médicinales, ainsi que les champignons.
www.lechemindelanature.com

Aromatique, la reine des prés parfume crèmes dessert, liqueurs, boissons ..

Recette

Millefeuille de crêpes à la reine des prés

Ingrédients pour 8 personnes

● **Pour les crêpes**

4 œufs
80 g de sucre
1 pincée de sel
130 g de farine
20 g de poudre de feuilles de tilleul tamisée (ou de cacao)
70 g de beurre fondu
500 g de lait

● **Pour la chantilly**

3 inflorescences de reine des prés
500 g de crème liquide

Préparation

► Préparez des crêpes en utilisant environ 6 portions de farine de blé pour 1 portion de poudre de feuilles de tilleul.

► Préparez une chantilly en faisant infuser les inflorescences de reine des prés dans la crème liquide, puis filtrez les fleurs avant de faire monter la chantilly.

► Montez le gâteau en alternant une couche de crêpe et une couche de chantilly. Ajoutez quelques petits fruits rouges en garniture, et voilà !

Un festin dans le noir

Un repas entre potes dans l'obscurité totale, pour donner libre cours à son appétit de rires et de découvertes ? Surprises garanties, pas seulement culinaires !

Texte : Nans Thomassey
Illustration : Francis Léveillée

J'ai d'abord fait l'expérience dans un restaurant, entre amis. Dans la salle, l'obscurité était absolue. C'était assez déstabilisant : on était carrément hors de notre zone de confort… et servis par des personnes non-voyantes qui évoluaient comme des poissons dans l'eau ! De quoi réfléchir, au passage, à la relativité du handicap. Et découvrir, le temps d'une soirée, le quotidien de ceux qui n'ont pas la chance de voir*…

Traversée du miroir

Ce soir-là, le gérant m'a expliqué à quel point les gens sont différents dans l'obscurité totale : ils se permettent, disait-il, des actes qui seraient impossibles au grand jour. J'en ai fait l'expérience : dans le noir, j'ai subtilisé une bouteille d'eau pétillante pour l'offrir à mes potes. Pourquoi ? Aucune idée. Je me sentais excité comme un gosse ! Et coupable, aussi. Je crois que l'obscurité invite notre part d'ombre à s'exprimer… Au moment de payer, la bouteille était sur la facture. J'avais honte. Mais l'expérience a été incroyable. Se servir un verre d'eau ? Une aventure. Qu'est-ce que je mange ? L'odorat, le goût, le toucher prenaient toute leur place. On avait exploré un autre rapport aux saveurs, mais aussi aux autres. Les discussions étaient différentes. Les silences, aussi. Une traversée du miroir, au-delà des apparences…

Enfant intérieur

J'ai recommencé l'expérience à la maison. Dès la première minute, tout le monde riait sans savoir pourquoi. La soirée s'est terminée dans le chaos : notre enfant intérieur s'était réveillé, tout devenait possible ! On barbouillait de purée le visage des voisins. On avait créé de l'inconnu dans un décor très familier : ça renouvelait notre regard sur le monde… Pour tenter l'expérience, mieux vaut s'organiser un peu à l'avance. Et notamment s'assurer de l'envie des convives, de leur joie dans cette situation. Faut-il placer directement les plats sur la table ? Ou demander à quelqu'un d'avoir les yeux ouverts pour faire le service ? La bonne idée : garder le menu secret. Le repas en aveugle va offrir une opportunité extraordinaire de redécouvrir les aliments. Ainsi que les potes autour de la table… ★

* *Lire la BD* Sans les yeux, *dans* Walp n°2.

Prêts à fermer les yeux sur votre soirée ? Ne nous laissez pas dans l'obscurité, on aimerait tout savoir : redaction@magazinewalp.com objet : « Un festin dans le noir ».

Trois jeux pour changer de direction

Apprendre à être flexible, à utiliser l'imprévu comme un cadeau, une opportunité de renouveau : voici trois jeux liés à l'art de l'improvisation, pour ouvrir le champ des possibles en s'amusant.

Texte : Audrey Legrand Lescure
Illustrations : Gwendal Le Bec

Change !

Développer sa créativité spontanée et se laisser émerveiller par ce qui vient.

Nombre de joueurs : Trois improvisateurs + un maître du jeu + un public (c'est mieux !) **Âge :** dès 8 ans **Matériel** : aucun

- Le maître du jeu donne un sujet aux trois joueurs (par exemple : L'embarcation accostera vers minuit).
- Les trois improvisateurs ont une minute pour se concerter : il faut décider quel personnage va incarner chacun (le capitaine du bateau, une sirène, le perroquet du capitaine…) et imaginer une situation de départ (ils viennent de trouver une bouteille à la mer…).
- Le maître du jeu règle son chronomètre sur trois minutes et donne le top départ.
- Les trois improvisateurs démarrent la scène.
- À partir de ce moment, le maître du jeu pourra couper la scène en criant : « CHANGE ! » À ce signal, les improvisateurs doivent instantanément changer leur proposition. Par exemple : Je vais utiliser l'épuisette pour récupérer la bouteille – « CHANGE ! » – Je me jette à l'eau pour aller chercher la bouteille… La scène reprend comme si de rien n'était, mais en développant la nouvelle idée.

Le petit + : le maître du jeu peut enchaîner plusieurs « CHANGE » rapidement pour inciter à partir dans une direction inattendue.

ALAIN SCHERER

Audrey Legrand Lescure, qui présente ces jeux, est la fondatrice de La Happy Factory à Montpellier, à la fois école d'improvisation et centre de formation professionnelle, et qui se donne pour mission de révéler nos grains de folie.
lahappyfactory.fr

L'objet invisible

Donner vie au vide entre ses mains et observer toutes les formes qu'il peut prendre.

Nombre de joueurs : illimité
Âge : dès 7 ans
Matériel : aucun

● Les participants s'installent en cercle. C'est un exercice 100 % silencieux, seul le corps parle.
● À tour de rôle, chaque joueur va prendre un bout de vide entre ses mains afin de créer, uniquement par le mime, un objet. Il modèle ce bout de rien, comme une pâte à modeler. Il peut l'allonger, le compresser, le malaxer, le rendre élastique… Ici, il est question de laisser faire ses doigts, sans idée préconçue ; imaginez, soyez patient(e)… Un objet va émerger (une brosse à cheveux, une canne, un arc…) : laissez-le venir à vous et commencez à jouer avec lui.
● Quand il vous semble voir, à partir des réactions du public, qu'il a deviné la nature de l'objet, passez-le à votre voisin.
● Celui-ci s'en saisit, le malaxe à nouveau : un nouvel objet va apparaître…

Le petit + : jouer un peu avec l'objet précédent et interagir par le mime avec son créateur avant de le transformer à nouveau.

L'électron libre

Se coordonner en silence et utiliser l'intelligence collective.

Nombre de joueurs : illimité
Âge : dès 7 ans
Matériel : chaises

● On installe autant de chaises que de participants, en occupant l'espace de façon homogène (attention, ne vous mettez pas en cercle).
● Un joueur, volontaire pour être l'électron libre, reste debout.
● Le reste du groupe s'installe sur les chaises.
● Objectif de l'électron libre : s'asseoir sur la chaise vide ; le reste du groupe doit essayer de l'en empêcher (en silence !) en s'asseyant sur les chaises avant lui.
● L'électron libre n'a le droit ni d'accélérer ni de courir. L'ensemble des participants veille collectivement à la sécurité du groupe.

Le petit + : cet exercice peut se faire en musique pour plus de plaisir.

Bombes de graines pour explosions de fleurs

Poétique et gratos : un cadeau à offrir avec le cœur, après l'avoir fabriqué avec ce qui tombe sous la main. Avec une vidéo pour vous guider.

Réalisation : Loranaÿs

Un petit cadeau inventé par un scarabée ! Le bousier, qui rêvait de devenir maître jardinier. Un jour, alors qu'il roulait patiemment sa boule d'excréments pour en faire un nid, le voilà qui récolte sur son passage une grande diversité de graines et les fait voyager. Dans ce cocon accueillant, les graines trouvèrent refuge contre les oiseaux et fourmis, et le meilleur des terreaux. Alors, à la première pluie, elles se sont épanouies… se transformant en un jardin luxuriant qui abrita bientôt toutes formes de vie, se peuplant d'oiseaux et d'insectes butineurs.

Boules de vie

Ces « grenades de graines » peuvent se lancer dans des endroits inaccessibles ou rétifs à la germination. Elles étaient ainsi utilisées dans l'Égypte ancienne pour reverdir les champs des berges du Nil après les crues. Aujourd'hui, elles sont une invitation à réensemencer friches et espaces altérés… Et pourquoi pas nos lieux de vie : bouts de trottoirs, jardins et balcons ?

Alors, on se lance ? Rien de plus simple. Il y a seulement besoin d'un peu de matière nutritive (terreau ou compost), d'un peu d'argile (de n'importe quelle couleur) et de quelques graines. On les glanera nous-mêmes avec l'avantage de disséminer une flore locale et adaptée, ou on les choisira (plutôt bio et non-hybrides) avec, par exemple, des mélanges de fleurs sauvages, de mellifères ou de plantes nourrissant les oiseaux. C'est parti !

Artiste peintre, biologiste, enseignante-chercheuse en pharmacie et toxicologie, **Loranaÿs** (son nom d'artiste) explore le vivant sous différents regards. Source d'émerveillements qu'elle aime transmettre et partager, avec le bonheur de créer.
loranays.art

POUR ALLER PLUS LOIN

✱ Un livre : *Le Petit Guide des bombes de graines*, de Guillaume Desportes (First éditions, 2023)
✱ Un site web : association Kokopelli, *kokopelli-semences.fr*

Matériel :

- 3 mesures de terreau (spécial semis, de préférence) ou de compost finement tamisé
- 2 mesures d'argile en poudre
- des graines
- de l'eau
- facultatif : de l'argile en poudre d'autres couleurs, des pigments de terres colorées.

NB : pour 8 bombes, 1 mesure = 1 cuillérée à soupe bombée

1. Bien mélanger la terre, l'argile et les graines. Puis ajouter de l'eau petit à petit, tout en mélangeant.

2. On s'arrête quand on peut former une boule de terre (qui se tient sans être trop collante).

3. Former des petites boules (environ 3 cm de diamètre).

4. Méthode d'enrobage : diluer la poudre de couleur dans l'eau (consistance de crème fluide) et peindre les boules en les tenant à l'aide d'un cure-dent.

5. Les faire sécher 48 h sur une grille dans un endroit sec et ventilé. Les bombes doivent sécher le plus vite possible pour ne pas lancer la germination.

Vos petites bombes de biodiversité sont prêtes à vagabonder !

Au sec, elles peuvent se garder plusieurs années, chaque graine ayant sa propre date limite de germination.
Idée : on peut les conserver dans une boîte à œufs.

Tous les détails dans la vidéo

Oups, oups, le flashcode du tuto paru dans *Walp* n°2 ne fonctionnait pas ! Le bon lien est celui-ci :
https://youtu.be/PTmechkYltA

NANS ET MOUTS / FTV / BPTV

Monika a (re)trouvé sa voix

C'était un soir de septembre dernier. Après une journée difficile, **Monika** et son mari **Uwe**, de passage à Cannes, sont allés souffler sur la Croisette. Ils y croisent un accordéoniste, et les étranges Nans et Mouts qui leur posent de drôles de questions…

Texte : Valérie Péronnet

Nans et Mouts à quelques heures de réaliser leur rêve : organiser un concert dans le ciel au-dessus du Mont Saint-Michel.

Elle nous a répondu oui tout de suite : depuis ce soir de septembre, Monika a des milliers de choses à dire et ne s'en prive pas, comme pour rattraper ces presque six décennies où elle est restée sans voix. Et pour partager à qui le lui demande cette étrange et improbable rencontre avec Nans et Mouts.

Les jours d'avant

Danser pour s'évader

Il faut dire qu'elle venait de loin : Monika vit en Suisse allemande, mais cet automne, elle était partie avec son mari Uwe à Berlin retrouver une amie souffrante pour l'accompagner sur la Côte d'Azur, en espérant qu'ils s'y reposeraient tous les trois. Finalement, tout s'est révélé plus éprouvant que prévu et, ce soir-là, ils étaient tellement épuisés qu'ils sont sortis pour se changer les idées. En passant devant un accordéoniste, ils se sont mis à danser, pour s'évader – « On adore danser et ça faisait un temps fou que nous ne l'avions plus fait. Je ne me suis pas rendu compte tout de suite que quelqu'un nous filmait. » Comme à leur habitude, Nans et Mouts se présentent, racontent leur aventure et leur rêve loufoque : organiser un concert volant au dessus du Mont Saint-Michel !

Le jour J

Une porte grande ouverte sur le passé

Quand elle comprend qu'ils sont aussi en train de réaliser un film, elle leur raconte à son tour l'un de ses rêves : elle cherche à vendre la collection de photos et autographes de stars de cinéma de son père, et se dit qu'ils pourraient peut-être l'aider. « Quand Mouts m'a demandé ce que cette collection représentait pour moi, c'est comme s'il avait grand ouvert une porte sur mon passé, et tout est sorti… » Il a fallu toute la soirée, un repas au restaurant, et des retrouvailles à la plage le lendemain après une nuit de pause pour que Monika déverse le torrent tumultueux qui s'est engouffré dans la digue ouverte par Mouts.
Les trahisons, les abus, les violences conjugales, les viols, les cauchemars sans fin, l'obligation de faire semblant, toujours, et tous ceux qui ont profité de sa soif de douceur ; son corps irrémédiablement douloureux de tout ça.
« Ce soir-là, j'étais à l'étranger, loin de chez moi, dans le pays de Gisèle Pélicot dont le courage m'a tant bouleversée, et j'ai rencontré ces deux étrangers qui m'ont tendu leur micro. »
C'est comme si elle avait d'un coup retrouvé – ou peut-être même trouvé – sa voix. « Les choses difficiles, c'est moins dur à confier à des gens qu'on ne connaît pas. Eux, ce sont des hommes doux, comme Uwe. J'ai eu l'impression de pouvoir tout leur dire, sans limite de temps, et sans que ça porte à conséquence. Ils m'ont écoutée avec attention, sans me demander ce que j'avais fait pour mériter tout ça. J'ai senti qu'ils comprenaient de quoi je parlais. » En marchant dans les rues de Cannes avec eux, elle s'est même mise à chanter.
« Ça faisait des années que ça ne m'était plus arrivé. » ►

Magie des retrouvailles avec des personnes rencontrées pendant le périple pour savourer ensemble ce concert-volant en montgolfière !

NANS ET MOUTS / FTV / BPTV

Les jours d'après

Aller au bout de l'aventure

Monika a passé la nuit à bouillonner au milieu de son chaos intérieur. Le lendemain, quand elle retrouve Nans et Mouts sur la plage, elle a encore plein de choses à dire, mais elle se sent mieux. Ils l'encouragent à marcher dans la mer qui lui fait si peur depuis qu'elle a failli se noyer, à trois reprises. « Je crois qu'ils auraient aimé que la mer efface tout ça, mais ce n'est pas si facile ! » Monika n'en revient toujours pas que Nans, ému aux larmes, ait été si touché par ses souffrances. Ni que ça lui ait fait, finalement, tant de bien, à elle.
C'est pourquoi, quelques jours plus tard et malgré les embûches, Monika et Uwe se sont démenés pour rallier Nans et Mouts au Mont Saint-Michel. Elle a bravé la fatigue, les dégâts de la tempête, et même une alerte à la bombe pour se retrouver en suspension dans une montgolfière, au-dessus du Mont Saint-Michel, lors d'une miraculeuse et improbable fenêtre météo. Pas question de ne pas aller au bout de l'aventure, et d'ajouter ce regret-là aux blessures dont elle tente de se défaire, peu à peu. Pas question non plus de partir sans raconter, aussi, sa belle histoire avec Uwe, dont elle n'a pas eu le temps de parler aux deux gars. « Il y a treize ans, j'avais lu que ce qu'on envoie à l'Univers nous revient décuplé. Il ne me restait vraiment plus beaucoup d'amour, mais j'ai tout envoyé là-haut et quelques jours plus tard, Uwe est arrivé dans ma vie, en décrétant qu'il avait de l'énergie pour deux. Depuis, il est toujours là, doux, patient, tranquille… »

Et maintenant

Une chance qu'il faut saisir

Monika se demande bien ce que la diffusion du film va produire dans sa vie. Elle a un peu peur, un peu honte – « J'ai passé mon existence à maquiller mes faiblesses… » – mais un peu envie, aussi. En attendant, elle a décidé que, dès qu'elle trouvera un acheteur, elle reversera la totalité des produits de la vente de la collection de son père à une association qui lutte contre la violence faite aux femmes, et les accompagne dans leur chemin vers la guérison. Elle dit que sa rencontre avec Nans et Mouts n'a pas ouvert que sa bouche, mais aussi ses poumons, et tout son corps, comme une chance qu'il faut saisir et dont il faut profiter. Alors, avec Uwe, ils ont trouvé un club de danse ; ils préparent un spectacle pour la fin du printemps. Elle a aussi entrepris l'écriture d'un thriller, pour transformer ses blessures en littérature.
Et elle s'est inscrite dans une chorale qui chante le répertoire d'Abba, et a repris les cours de chant. *

REVOIR L'ÉMISSION:
Nus & Culottés, objectif Mont Saint-Michel
Un épisode événementiel réalisé pour France Télévisions. Un voyage plus long + un rêve plus déjanté que d'habitude = un film encore plus ouf !
En replay sur *www.france.tv*

autour du feu

**Comme à la veillée : on partage nos histoires, nos émotions, nos délires.
Bienvenue la tribu, on accepte tout, toutes et tous, balancez !**

Ceux qu'on ne voit pas

En 2020, la crise du Covid a été un électrochoc pour moi. Depuis des années je regardais Nans et Mouts vagabonder en me disant qu'un jour il faudrait que je parte sur les routes à mon tour… Alors, pendant l'été, quand nous étions de nouveau autorisés à circuler comme bon nous semblait au sein de notre territoire, je me suis dit que j'allais partir en vélo avec mon sac à dos pour prendre le temps de découvrir notre jolie France ! Partir oui, mais avec ma vision du voyage et des rencontres, et je suis donc allé voir d'abord des personnes qui étaient laissées de côté dans notre société. Sur la route, j'écrivais des poésies, des comptines.

« Ceux qu'on ne voit pas » (extrait)

**Ils avaient avec eux deux chiens
L'un est Flèche et l'autre on n'sait point
Ils demandaient d'la monnaie au prochain
Qui préféra leur tendre la main**

**Ils parlèrent tout un matin
Sur le front de ce vieux magasin
Où une mamie apporta à manger
Aux deux chiens qu'on laissait vivre en paix**

Quentin

« J'ai adoré le portrait de Micheline, sa sincérité, son naturel ! Une femme avec laquelle j'adorerais échanger. Bravo Micheline ! »*

Emy

** Micheline Boussaingault, 82 ans, « Je veux jouir encore », Walp n°2.*

Doux hasard…

« Il y a un mois, je cherche dans toutes les librairies belges le magazine *Walp*. Déception… Il n'y est pas ou pas encore ! J'aurais voulu le trouver avant de partir au Rwanda, où on s'expatrie en famille pour vivre d'autres aventures après avoir passé un an à vélo. Voilà que, dans notre rue, à Kigali, je rencontre deux comédiens : Ignace et Claire, de la compagnie Azur Magnolia à Vaour, dans les Pyrénées. Ignace me parle de sa pièce sur son voyage en stop de Paris à Cracovie*.
Je ne peux m'empêcher de penser à Nans et Mouts, à *La Tribu du Vivant*, à *Walp*. Et voilà qu'ils le sortent de leur chapeau, ce magazine *Walp* que j'ai maintenant entre mes mains, à Kigali. Joyeux hasard et belle rencontre.
Et puis hier, Ignace a joué son spectacle dans le salon de joyeux curieux, ici à Kigali, devant cinquante personnes. Pendant une heure vingt, on prend la route avec lui, on lève le pouce, on rencontre des gens, on vit des aventures incroyables, on rit, on s'émeut.
Bien le bonjour à l'équipe, aux nus, aux culottés.
Je vous souhaite le meilleur. »
Justine
** azurmagnolia.wordpress.com/voyage-en-autostop*

Dix-sept roses

« 6 h, le réveil sonne... Aujourd'hui est un jour particulier. Il me ramène dix ans plus tôt... Des contractions, des sages-femmes et un enfant prêt à naître. Dix ans plus tard, à l'aube, avec le papa nous improvisons un petit rituel avec une chanson, des roses, des bougies, des cadeaux et des mots d'amour.
À 8 h, le papa nous dépose à 10 km de notre maison, il fait -1° C et j'offre un des plus précieux cadeaux à mon fils : une journée en autostop pour aller rejoindre grands-parents, tatas, oncles et cousins à 333 km pile poil de notre maison. De son sac dépassent dix-sept roses rouges que nous offrirons à nos hôtes de voiture.
Le démarrage est le plus dur pour mon fils, l'attente se fait un peu longue, il se les gèle, il nomme du découragement et de la désillusion. « Je pensais que ça serait vraiment plus simple. » Cette étape aura été la plus dure.
Ensuite, ce sera fluidité, grande joie et rencontres chaudoudoux qui nous seront offertes. Nous offrirons nos roses, nos sourires, notre élan du voyage et de l'aventure. Nous recevrons des récits de vie, des joyeux anniversaires, des bravos, des mercis. Nos deux cœurs tout émus arrivent à la tombée de la nuit en Auvergne. Une dernière marche tous les deux en silence pour rejoindre le gîte familial.
La nature tout autour de nous et cette lumière entre chien et loup. Mes larmes au bord des yeux : de la fierté de mon cadeau, sensation d'offrir là une expérience graine d'amour, de légèreté et de confiance. De l'or.
Je questionne seulement maintenant :
"Alors Tylio, que retiendras-tu comme enseignement ?
– Il ne faut pas jamais perdre espoir."
Il ne reste que quatre roses qui dépassent du sac de l'enfant.
À toi mon fils qui rêve de devenir Picsou.
Je t'offre l'or du cœur...
À toi le papa, merci de ta confiance
À tous les hôtes de voiture : vous avez tellement réchauffé mon cœur, gratitude. »

Lorraine

"Vous faites partie de ces bulles d'oxygène dans un monde qui s'asphyxie. Je vous remercie pour ce partage à La Recyclerie hier, et cette rencontre. C'est toute la beauté de l'éphémère, ressentir, vibrer intensément"

Virginie

Vos réactions, vos récits, vos mises à nu et vos cœur à cœur : envoyez !
redaction@magazinewalp.com
Objet : « Autour du feu »

Contact : redaction@magazinewalp.com

: magazinewalp

bayard

15, bd Gabriel Péri, CS 10042, 92245 Malakoff Cedex. Tél. : 01 74 31 60 60

Directeur de la publication : François Morinière
Fondateurs : Nans Thomassey et Guillaume Tisserand-Mouton
Walp est coédité avec le secteur Grand public de Bayard, dont les référents sont Emmanuelle Delapierre (dir.) et Samuel Lieven (dir. de la rédaction).

POUR VOUS ABONNER OU GÉRER VOTRE ABONNEMENT, contactez le Service client
Par téléphone : 01 74 31 15 01 (appel non surtaxé) du lundi au vendredi - 8h30 -19h
Sur internet : magazinewalp.com/contact
Par courrier : Walp – Service abonnements – TSA 60007 – 59714 Lille cedex 9

Cette formule n'aurait pas pu voir le jour sans le compagnonnage complice d'Arnaud de Saint Simon

Rédaction
Direction de la rédaction : Patricia Salmon Tirard, *psalmontirard@magazinewalp.com*
Rédaction en chef : Philippe Raymond, *praymond@magazinewalp.com*
Édith Rolland, *erolland@magazinewalp.com*
Direction artistique : Laurent Barbarand *lbarbarand@magazinewalp.com*
Secrétariat général de rédaction : Clotilde Berlencourt *clotilde.berlencourt@groupebayard.com*
Prépresse : Pascal Redoutey
Secrétariat : Marie Villeneuve, Djamila Hellal
Ont collaboré à ce numéro : Rémi Barbet, Magali Brieussel, Caroline Didier, Laurence Fleury, Éric Garault, Sandrine Goalec, Dominique Granger, Aymeric de Kerimel, Gwendal Le Bec, Audrey Legrand Lescure, Francis Léveillée, Loranaÿs, David Manise, Marine Menier, Emmanuel Monnier, Paykhan, Valérie Péronnet, Agnès Rogelet, Pascal Bastien, Pierre Westelynk.

Communication, marketing, diffusion
Communication et partenariats : Marion de Geyer (responsable). **Marketing éditeur et développement :** Anne-Claire Marion (dir.), Frédérique Brulé (dir. commerciale). **Community manager :** Agathe Lavogez. **Abonnements :** Aurore Bertrand (dir.), Julia Genty-Drouin (responsable abonnements), Julie-Marie Macaire (marketing digital), Aïcha Essalehi (webdesigner), Cécile Colau (responsable e-commerce). **Vente au numéro :** Marie-Pierre Tour (responsable). **Contact pour les marchands de journaux et dépositaires :** 0 800 293 687 **Contrôle de gestion :** Elda Frey. **Fabrication :** Johann Gaisser **Impression :** Agir Graphic, 96 boulevard Henri Becquerel, 53000 Laval
Contacts : *prenom.nom@groupebayard.com*

Ce journal est composé avec les caractères Chronicle, Cheely moulef, Regular, Garapen, Feeling passionnate.
Couverture : Paul Villecourt - France Télévisions
Walp est coédité par Toc Toc Toc (SASU), Qui est là ? (SASU) et Bayard, société anonyme à directoire et conseil de surveillance, au capital de 16 500 000 €. N° CPPAP : 0130 K 95399. ISSN : 3074-4032. Dépôt légal à parution : en cours.